Paulus und Luther – ein Widerspruch?

HANS-CHRISTIAN KAMMLER UND RAINER RAUSCH (Hg.)

Paulus und Luther – ein Widerspruch?

Frühjahrstagung der Luther-Akademie 2012

Verstand er auch, was er las?

Paulusexegese und Luthers Einsichten

im kritischen Dialog

Bibliografische Information der Deutschen Nationalbibliothek

Die Deutsche Nationalbibliothek verzeichnet diese Publikation in der Deutschen Nationalbibliografie; detaillierte bibliografische Daten sind im Internet über http://www.d-nb.de abrufbar.

Umschlagbild: Luther-Statue in Wittenberg
            (mit freundlicher Erlaubnis der Evangelischen Kirche in
            Mitteldeutschland)
Umschlaggestaltung: Sybille Felchow, she–mediengestaltung, Hannover
Satz: Daniel Piasecki, Schwerin, & Rainer Rausch, Alt Meteln
Typographie: Palatino Linotype
Druck und Bindung: CPI buchbücher.de, Birkach

ISBN 978-3-7859-1104-4

Printed in Germany

Luther über Paulus

Was ist die höchste Kunst in der Christenheit?

»Die Meinung des heiligen Paulus ist diese, daß in der Christenheit sowohl von Predigern als auch von Zuhörern ein eindeutiger Unterschied gelehrt und erfaßt werden soll, nämlich der zwischen Gesetz und Evangelium, zwischen den Werken und dem Glauben [...]

Ich will die zwei Worte unvermischt, [...] ein jedes an seinen Ort, in seine Materie gewiesen haben: das Gesetz für den alten Adam, das Evangelium für mein verzagtes, erschrockenes Gewissen [...] Denn diese Unterscheidung zwischen Gesetz und Evangelium ist die höchste Kunst in der Christenheit [...].«[1]

Martin Luther (1532)

---

[1]   WA 36, 25,17–20; 41,30–32.

Vorwort

An Paulusbüchern herrscht auf dem theologischen Buchmarkt gegenwärtig kein Mangel. Gleichwohl wagen wir es, den vielen Büchern ein weiteres hinzuzufügen. Denn dieses Buch nimmt zu jener Frage Stellung, die die gegenwärtige Paulusexegese besonders umtreibt und die sie mit Nachdruck an den Reformator Martin Luther stellt: „Verstand er auch, was er beim Apostel las?" Die von Ed Parish Sanders, einem der wichtigsten Vertreter der „New Perspective on Paul", vertretene These: „Wir interpretieren Paulus falsch, wenn wir ihn mit Luthers Augen sehen", ist ohne Frage nicht nur *exegetisch*, sondern darüber hinaus *theologisch grundsätzlich* von hoher Brisanz.

Die „New Perspective" misst der im Zentrum lutherischer Theologie stehenden Rechtfertigungslehre keine zentrale Stellung innerhalb der paulinischen Theolgie bei, weil diese Lehre lediglich der theologischen Legitimation der Heidenmission diene und also streng funktional und historisch-situativ verstanden werden müsse. Nach dem dazu konträren Urteil Martin Luthers steht die Rechtfertigung des Sünders dagegen im Mittelpunkt des paulinischen Denkens. Der Apostel ist für den Reformator der biblische Kronzeuge für seine These, dass *allen* Menschen, Heiden und Juden, das ewige Heil allein durch Christus (*solus Christus*), allein aus Gnade (*sola gratia*) und allein in dem von Gott geschenkten Glauben (*sola fide*) zugeeignet werde.

Während der Frühjahrstagung 2012 der Luther-Akademie wurden die divergierenden Sichtweisen anhand des Vergleiches zwischen den einschlägigen paulinischen Texten aus dem Galaterbrief und dem Römerbrief und den exegetischen Kommentaren Martin Luthers auf ihre Stichhaltigkeit überprüft.

Das Buch orientiert sich an dem Tagungsverlauf und gliedert sich in vier Teile:

Teil 1 gibt geistliche Impulse und öffnet den Zugang zu der Thematik in Gestalt von zwei Predigten.

Teil 2 bietet – in exegetischer und systematisch-theologischer Perspektive – die wissenschaftlich fundierte Einführung in die Thematik.

Teil 3 zeigt durch Thesen die Gegenwartsrelevanz der Rechtfertigungslehre Luthers auf.

Teil 4 untermauert die Relevanz der durch die „New Perspective" aufgegebenen Fragen nach dem Verhältnis zwischen Luther und Paulus durch exemplarische Fallstudien. In deren Zentrum steht die sorgfältige Exegese der zentralen paulinischen Texte zur Rechtfertigung. Die Literaturempfehlungen nennen Standardwerke und hilfreiche neuere Literatur und wollen der selbständigen Weiterarbeit und der Vertiefung dienen.

Herrn Prof. Dr. Oswald Bayer, der die wissenschaftliche Leitung der Tagung inne hatte, sei vielmals gedankt.

Weiter danken wir den beteiligten Autoren, die ihre durchweg eigens für diesen Band erarbeiteten Beiträge termingerecht abgeliefert haben und auf Nachfragen stets kooperativ und freundlich eingingen.

Für die Mithilfe beim Korrekturlesen danken wir den Mitgliedern der Luther-Akademie Herrn Friedrich Alexander July (Lehrstuhl Kirchenordnung und Neuere Kirchengeschichte der Universität Tübingen) und den Studenten Till Hennings und Urs Christian Mundt.

Die technischen Herausforderungen im Hinblick auf das Layout hat Herr Daniel Piasecki gelöst.

Der auch für Studenten bezahlbare Preis der Tagung und dieses Buches konnte dank unserer Sponsoren ermöglicht werden.

Aus dem wirtschaftlichen Bereich danken wir für die Zuschüsse der HanseMerkur Versicherungsgruppe und der Firma Jens Penz IT-Service aus Wittenförden bei Schwerin.

Aus dem kirchlichen Bereich haben sich im Hinblick auf die Tagung finanziell engagiert:

die Evangelische Landeskirche Anhalts,

die Evangelische Landeskirche in Baden,

die Evangelisch-Lutherische Kirche in Bayern,

die Evangelische Kirche Berlin-Brandenburg-schlesische Oberlausitz,

die Evangelische Kirche in Hessen und Nassau,

die Evangelisch-Lutherische Landeskirche Mecklenburgs,

die Evangelische Kirche der Pfalz,
die Evangelische Kirche im Rheinland,
die Evangelische Kirche von Westfalen,
die Evangelische Landeskirche in Württemberg sowie
der Kirchenkreis Lübeck-Lauenburg.

Martin Luther bezeichnete die Heilige Schrift einmal als ein Kräutlein, das, je mehr es gerieben wird, desto mehr duftet. Das Reiben an diesem Kräutlein hilft dazu, „die Kunst des Unterscheidens" einzuüben, die nach dem Urteil des Reformators den Theologen zum Theologen macht. Diese *Ars distinguendi* kann nicht besser eingeübt werden als durch die gewissenhafte exegetische Überprüfung von wissenschaftlichen Thesen und Theorien *über* biblische Texte *an den biblischen Texten selbst*. Dieser Aufgabe hat sich die Frühjahrstagung 2012 der Luther-Akademie gestellt, deren Ergebnisse in diesem Buch dokumentiert und zusammengefasst werden. Den Lesern wünschen wir eine ertragreiche Lektüre.

Hans-Christian Kammler und Rainer Rausch

Tübingen bzw. Schwerin/Dessau im September 2012

Inhaltsverzeichnis

Inhaltsverzeichnis

Inhaltsverzeichnis

Inhaltsverzeichnis

1. Teil: Geistliche Impulse

JONATHAN KÜHN:
Predigt über Gal 3,1–14

Predigt in der Stadtkirche zu Ludwigslust am 29. Februar 2012

¹*O ihr unverständigen Galater! Wer hat euch bezaubert, denen doch Jesus Christus vor die Augen gemalt war als der Gekreuzigte? ²Das allein will ich von euch erfahren: Habt ihr den Geist empfangen durch des Gesetzes Werke oder durch die Predigt vom Glauben? ³Seid ihr so unverständig? Im Geist habt ihr angefangen, wollt ihr's denn nun im Fleisch vollenden? ⁴Habt ihr denn so vieles vergeblich erfahren? Wenn es denn vergeblich war! ⁵Der euch nun den Geist darreicht und tut solche Taten unter euch, tut er's durch des Gesetzes Werke oder durch die Predigt vom Glauben?*

⁶*So war es mit Abraham: »Er hat Gott geglaubt, und es ist ihm zur Gerechtigkeit gerechnet worden« (1. Mose 15,6). ⁷Erkennt also: die aus dem Glauben sind, das sind Abrahams Kinder. ⁸Die Schrift aber hat es vorausgesehen, dass Gott die Heiden durch den Glauben gerecht macht. Darum verkündigte sie dem Abraham (1. Mose 12,3): »In dir sollen alle Heiden gesegnet werden.« ⁹So werden nun die, die aus dem Glauben sind, gesegnet mit dem gläubigen Abraham.*

¹⁰*Denn die aus den Werken des Gesetzes leben, die sind unter dem Fluch. Denn es steht geschrieben (5. Mose 27,26): »Verflucht sei jeder, der nicht bleibt bei alledem, was geschrieben steht in dem Buch des Gesetzes, dass er's tue!« ¹¹Dass aber durchs Gesetz niemand gerecht wird vor Gott, ist offenbar; denn »der Gerechte wird aus Glauben leben« (Hab 2,4). ¹²Das Gesetz aber ist nicht »aus Glauben«, sondern: »der Mensch, der es tut, wird dadurch leben« (3. Mose 18,5). ¹³Christus aber hat uns erlöst von dem Fluch des Gesetzes, da er zum Fluch wurde für uns; denn es steht geschrieben (5. Mose 21,23): »Verflucht ist jeder, der am Holz hängt«, ¹⁴damit der Segen Abrahams unter die Heiden komme in Christus Jesus und wir den verheißenen Geist empfingen durch den Glauben.*

„Christus hat uns erlöst von dem Fluch des Gesetzes, da er zum Fluch wurde für uns", so erinnert der Apostel Paulus mit größter Vehemenz seine Gemeinden in Galatien und warnt eindringlich, „kein anderes Evangelium" dürfe an die Stelle der gehörten Frohbotschaft vom gekreuzigten Erlöser treten. Was den einstigen Christenverfolger zu solch harter Rede wider das Vergessen und Verkennen der „Botschaft vom Glauben" veranlasst, ist dies, dass er seine einstigen Missionsgemeinden offenkundig auf einem Irrweg von „Bezauberten" sieht. Denn offenbar gibt es Tendenzen in Galatien, welche das bisherige gemeinsame Fundament in Frage stellen und von dem abweichen, was Lutheraner als das Herzstück der paulinischen Theologie bezeichnen: die Rechtfertigung des gottlosen Sünders allein durch Jesus Christus und deshalb ohne des Gesetzes Werke allein durch den Glauben an ihn – sola gratia, ohne menschliches Zutun, ohne Verdienst jedweder Art, ohne den Erweis irgendeiner Würdigkeit weder vor Empfang des Heils noch im Nachhinein. Das selig machende Heil kommt demnach gerade nicht aus menschlichen Werken des Gesetzes, aus fleischlicher Anstrengung, sondern ist vom Heiligen Geist gewirkt, göttlich geschenkt – *allein aus Gnaden!*

Was war geschehen? Im sog. „Antiochenischen Zwischenfall" hatten einige Judenchristen, darunter auch Petrus – nach dem Urteil des Paulus aus Angst vor der Meinung „derer aus der Beschneidung" – die bislang ohne Bedenken gepflegte Mahlgemeinschaft mit Heidenchristen verlassen und sich in Gesetzesobservanz von den Nichtjuden distanziert. Für den Heidenapostel stellte dies keine bloße Frage der Sitzordnung dar, ob nun Petrus beim Essen lieber bei alten Gefährten aus ebenfalls jüdischem Hintergrund saß oder nach Christi Vorbild bei denen, die vormals als Heiden und Sünder gegolten hatten, jetzt aber nach dem Grundsatz »ein Herr – ein Glaube – eine Taufe« (Eph 4,4–6) zur gleichen Gemeinschaft der Gläubigen aus Juden und Heiden gehörten. Nicht um alte Ritualgesetze, Speisevorschriften oder den Tempelkult an sich geht es dem früheren Christenverfolger und Pharisäer in seinem Schreiben an die Gemeinde in Galatien, worin sich, wie später bei der Kontroverse um den Verzehr von Götzenopferfleisch, gewiss Kompromisse hätten finden lassen; vielmehr empfindet er dieses Fehlverhalten als anachronistisch, als Rückfall in alte Denkstrukturen und zudem als eine der „Wahrheit des Evangeliums" widersprechende Ausgrenzung derer, die nun zusätzlich ins Heil hinein genommen sind, die nun auch dazu gehören.

Paulus hält den „Bezauberten" unter den Galatern vor, dass sie das bisherige gemeinsame Fundament, den Grund, darauf sie gründen, zu vergessen drohen, indem sie das alte Gesetz wieder aufrichten wollten, dessen „Ende" Christus ist (Röm 10,4). Der Gekreuzigte, den er der Gemeinde in Galatien vor Augen malt, hatte doch gerade erst schenkend gewährt, was zur Rechtfertigung, Erlösung und Heiligung vonnöten ist – allein aus Gnade im Glauben! Wer dies aus dem Blick zu verlieren im Begriff ist, der bekommt in aller Deutlichkeit zugerufen: „Wenn die Gerechtigkeit durch das Gesetz kommt, dann ist Christus vergeblich gestorben!" (Gal 2,21)

Das Evangelium, die unvergleichliche Frohbotschaft – sie ist für Paulus der Anbeginn einer neuen Heilszeit, die außerhalb des bisherigen Gesetzes mittels der Erfüllung durch Christus nun allen Sündern offen steht und unter dem gemeinsamen Haupt Christus eine einzigartige Gemeinschaft der Gläubigen aus Juden und Heiden konstituiert. Wie der Heidenapostel am Ende unseres Kapitels formulieren wird, hat in dieser Heilsgemeinschaft kein überkommener Unterschied mehr Bestand: „Hier ist nicht Jude noch Grieche, hier ist nicht Sklave noch Freier, hier ist nicht Mann noch Frau; denn ihr seid allesamt einer in Christus Jesus." (Gal 3,28)

Wenn aus Angst vor orthodoxen Volksgenossen Judenchristen wie Petrus nun im Gegensatz zu Christus die geschwisterliche Mahlgemeinschaft mit Heidenchristen meiden, so ist dies für Paulus eine gefährliche Fehlentwicklung, die langfristig nicht allein zu einer Separation nach altem Muster führen könnte – trotz des gemeinsamen Herrn –, sondern zudem auch im Widerspruch steht zum Evangelium von der bedingungslosen Rechtfertigung des verlorenen Sünders *ohne* des Gesetzes Werke, die er ohnehin niemals ganz erfüllen könnte, äußerlich wie innerlich, mit frohem Herzen und ohne Falsch. Der aus dem Hören rührende Glaube an Jesus Christus befreit ja gerade von einer aktiven, eigenen Gesetzesobservanz als Heilsweg, weil er im Heiligen Geist um den weiß, der uns mit allem beschenkt, was zum Heil nötig ist. Dies schreibt Paulus den Galatern ins Stammbuch, weil Christus eben *gerade nicht* vergeblich gestorben ist! Das Wort vom Kreuz ist eben keine bloße Starthilfe auf dem Weg zum Heil; das Evangelium nicht nur Ansporn, nun erst recht um ein gesetzeskonformes Leben zur Erlangung oder Bewährung des Heils im eigenen Leben sich zu bemühen; stattdessen ist es befreiende, bestärkende, geschenkte Gotteskraft, die ohne jedwedes menschliches Zutun *sola gratia* den Gottlosen rechtfertigt und erkauft von Sünde und Tod.

So dürften des Paulus Warnung vor einem „anderen Evangelium" als dem aus seinem Mund gehörten von Jesus Christus und sein Appell an die Galater wohl letztlich getragen sein von der Hoffnung, welche später in seinem Brief an die Philipper zum Ausdruck kommt: „… der in euch angefangen hat das gute Werk, der wird's auch vollenden bis an den Tag Christi Jesu." (Phil 1,6) Nicht die Galater, nicht wir Heutigen, nicht die Christen der kommenden Generationen müssen sich des Heiles als würdig erweisen, müssen nach göttlicher Starthilfe noch irgendetwas Heilsrelevantes selbst erarbeiten oder verdienen, sondern alles ist und wird geschenkt von dem, der – und *der allein* – den Gottlosen zu rechtfertigen und zu erlösen die Kraft und Stärke besitzt. – »Treu ist er, der euch ruft; er wird's auch tun!« (1. Thess 5,24)

Amen.

JOHANNES VON LÜPKE:
Predigt über 1. Tim 1,12–17

Predigt im Ratzeburger Dom am 1. März 2012

12Ich danke unserm Herrn Christus Jesus, der mich stark gemacht und für treu erachtet hat und in das Amt eingesetzt, 13mich, der ich früher ein Lästerer und ein Verfolger und ein Frevler war; aber mir ist Barmherzigkeit widerfahren, denn ich habe es unwissend getan, im Unglauben. 14Es ist aber desto reicher geworden die Gnade unseres Herrn samt dem Glauben und der Liebe, die in Christus Jesus ist. 15Das ist gewisslich wahr und ein Wort, des Glaubens wert, dass Christus Jesus in die Welt gekommen ist, die Sünder selig zu machen, unter denen ich der erste bin. 16Aber darum ist mir Barmherzigkeit widerfahren, dass Christus Jesus an mir als Erstem alle Geduld erweise, zum Vorbild denen, die an ihn glauben sollten zum ewigen Leben. 17Aber Gott, dem ewigen König, dem Unvergänglichen und Unsichtbaren, der allein Gott ist, sei Ehre und Preis in Ewigkeit! Amen.

1.

„Das ist gewisslich wahr und ein teuer wertes Wort". So ist in Luthers Übersetzung ein Satz unseres Predigttextes besonders hervorgehoben, gleichsam eingerahmt. Aber hätte man das nicht auch knapper, kürzer formulieren können? Hätte nicht ein einziges Amen gereicht? Werden da nicht zu viele Worte gemacht, um ein Wort besonders herauszustellen? Wenn ein Wort wahr ist, dann doch auch gewisslich wahr; was wären das für Wahrheiten, deren wir nicht gewiss sein könnten? Wenn es ein wertes, ein wertvolles Wort ist, dann doch auch ein teures. Hoher Wert und hoher Preis gehören zusammen. Warum also muss man es doppelt sagen, wenn es doch auch einfacher zu sagen ist?

Schaut man sich den griechischen Urtext an und gibt man ihn möglichst wörtlich wieder, legt sich eine schlichtere Übersetzung nahe, wie sie z.B. die neue Zürcher Bibel bietet: „Zuverlässig ist das Wort und würdig, vorbehaltlos angenommen zu werden." Das ist so richtig übersetzt, vielleicht auch richtiger übersetzt. Und doch ist Luthers Übersetzung demgegenüber nicht falsch oder auch nur weniger richtig, könnte es doch sein, dass Luther das Wort tiefer und besser verstanden hat.

Denn „dass Christus Jesus in die Welt gekommen ist, die Sünder selig zu machen" – das ist ein Satz, der es ‚in sich hat' und der es daher verdient, herausgestrichen zu werden. Der sollte so zum Klingen gebracht werden, dass er uns im Herzen bewegt. Der sollte in den kräftigsten Farben gemalt werden, dass er sich uns einprägt. Das ist gleichsam die eine kostbare Perle, für die alles, was ein Mensch an Besitz hat, hinzugeben ist; das ist der Schatz, der im Acker verborgen ist und um dessentwillen es sich lohnt, den Acker zu kaufen (Mt 13,44–46). Da ist etwas in die Welt gekommen, das wertvoller ist als alles sonst in der Welt. Da ist mit diesem Menschen Jesus Rettung geschehen, Seligkeit ist für alle da. Und wenn das wirklich so ist, wenn das wahr ist, dann ist das mehr als sonstige Wahrheiten, die man zur Kenntnis nimmt und für richtig befindet; dann gehört es zu dieser Wahrheit, dass man überschwänglich von ihr redet. Dann gilt es gleichsam, alle Register zu ziehen, damit die Botschaft dort einzieht, wo sie ankommen will. „Christus Jesus ist in die Welt gekommen, die Sünder selig zu machen." Das soll tief im Herzen bei mir ankommen, dass ich dessen gewiss werde und dass es mir teuer wird.

Also deswegen gebraucht Luther diese üppigen Worte, die das eine Wort so kräftig herausheben, dass es gleichsam Saft und Kraft gewinnt und wir auf den Geschmack kommen und es nachsprechen können: „Das ist gewisslich wahr und ein teuer wertes Wort." Und vielleicht werden wir dann auch neue Worte in unserer Sprache finden, Worte, die heute Glauben wecken.

2.

Aber: was ist das? Was ist das teure, werte Wort, das uns als Schatz präsentiert wird? Was steckt darin? Was dürfen wir glauben, so glauben, dass wir dadurch selig, glückselig werden? Was steckt darin in diesem Wort? Das so stark ausgezeichnete und angepriesene Paket will ausgepackt werden. Es ist der Annahme wert; es bietet einen reichen Inhalt.

Wenn es um Inhalte geht, die in Texten überliefert werden, dann nennen wir das Auspacken Auslegen. Und darauf verstehen wir uns als Theologinnen und Theologen. Wir wollen es wissen: Was ist gemeint, wenn hier von Barmherzigkeit und von Gnade und von Rettung die Rede ist? Was hat Paulus darunter verstanden? Und was der Verfasser des Briefes an Timotheus, wenn er im Namen des Paulus schreibt? Solche Auslegung hat ihr Recht. Aber um zu erkennen, was im Wort steckt, reicht es nicht lediglich auszupacken. Da kommt es vielmehr darauf an, sich selbst hineinzugeben. Luther nennt das: „in das Wort hineinkriechen". Und er stellt uns zugleich ein Bild vor Augen: „Da kriech hinein und bleib drinnen wie ein Hase in seiner Steinritze."

Nicht anders als Hasen auf freier Wildbahn brauchen auch wir Menschen Orte, an denen wir uns gut aufgehoben fühlen. Die Stürme draußen können uns drinnen nichts anhaben. Was auch immer *draußen* Angst macht, was uns unter Druck setzt, was unsere Kräfte raubt und uns in der Tiefe der Seele aufwühlt, *drinnen* angekommen, dort wo wir hingehören, da dürfen wir aufatmen. Da sind wir in seliger Ruhe, und das Leben kann sich neu finden und entfalten. Was für die Hasen die Steinritze, die Höhle auf weiter Flur, das ist für uns Menschen ein Ort, wo wir uns geborgen fühlen, umfangen von guten Mächten. Wenn wir es biblisch und poetisch sagen, dann sprechen wir vom Hauch des Paradieses. Gemeint ist ein Hauch, der uns das Jawort des Schöpfers zuträgt und in die Tiefe des Herzens eindringt, in eine Tiefe, die nur ein Hauch erreichen kann – schwach und mächtig zugleich. So kann ein Wort wirken.

3.

Aber wo findet man einen solchen Ort? Und wie gelangen wir hinein? Noch einmal: es könnte sein – und das war die Erfahrung Luthers –, dass ein solcher Ort sich auftut, wenn wir in das Wort hineinkriechen.

Und nun also in dieses teuer werte Wort: „dass Christus Jesus gekommen ist in die Welt, die Sünder selig zu machen."

In die Welt. Wenn das gewisslich wahr ist, dann ist der Christus Jesus, der in Bethlehem geboren ist, in Nazareth aufgewachsen, in den Dörfern Galiläas gepredigt und Wunder getan hat, um am Ende in Jerusalem auf Golgatha gekreuzigt zu werden, dann ist dieser Christus Jesus von dort aus in die Welt gekommen, dann hat er die ganze Welt am Kreuz versammelt. Und alle begegnen ihm dort. Wirklich?

Nirgendwo „auf allen Länderkarten" findest du der Freiheit Ort, so hat es Schiller einmal gedichtet und den Weg nach innen, in die eigene Seele empfohlen. Hier aber wird die Weltkarte aufgeschlagen. Da gibt es keinen Ort, an dem nicht Befreiung geschehen könnte, zum Beispiel nahe bei Damaskus, als plötzlich der Himmel aufriss, ein Licht aufleuchtete und Paulus, der damals noch Saulus hieß, diesen Jesus, den er verfolgte, nun selbst hörte und vor sich sah. Und von dort wird die Karte weiter aufgeblättert: Antiochien, Philippi, Thessalonich, Athen, Korinth, Ephesus, Rom. So lauten die weiteren Stationen. Und die Kette lässt sich fortsetzen bis hin nach Ratzeburg und Ludwigslust. Christus Jesus ist in die Welt gekommen. Und auf aller Welt, wo auch immer sein Wort weitergesagt wird, da kann die Freiheit hereinbrechen, da öffnet sich der Himmel und Menschen finden Rettung und Heil.

4.

In die Welt ist das Heil gekommen. Jetzt geht es nur noch darum, wie ich dort hinkomme und wie ich finde, was mir im Wort begegnet. „Fleisch und Blut" fällt es schwer, so heißt es bei Luther, in das Wort hineinzukriechen. Und Theologenfleisch und Theologenblut hat noch einmal besondere Schwierigkeiten, lernen wir es doch, das biblische Wort zu handhaben und es uns verfügbar zu machen. Wir fällen Urteile, ziehen Grenzen, so als stünden wir darüber, so als könnten wir uns heraushalten und könnten uns seiner bemächtigen.

Paulus war ein solcher Theologe, und er wird uns in unserem Predigttext als Beispiel empfohlen, an dem zu sehen und zu lernen ist, wie wir ins Wort gelangen und zu Menschen werden, die glauben. Wie macht man das? So fragt man Vorbilder. Paulus, so gefragt, würde wohl antworten und erzählen, wie es geschah. Denn was er gemacht hatte, war keineswegs vorbildlich. Rückblickend sieht er: Das Bemühen um rechte religiöse Praxis, sein Eifer dafür, das Volk Gottes von aller Verunreinigung rein zu halten, sein Kampf gegen die Gotteslästerer, die er in den anderen sah – das hatte ihn zum Gotteslästerer, zum Verfolger, zum Überheblichen gemacht. Aber dann geschah es, es widerfuhr ihm: der Jesus, dessen Gefolgsleute er verfolgte, sprach ihn selbst an. Und diese Stimme warf ihn buchstäblich aus dem Sattel. Auf einem berühmten Bild des italienischen Renaissancemalers Caravaggio kann man das sehen: wie der hoch zu Ross Reitende vom Pferd geworfen wird, wie die Machtverhältnisse sich umkehren. Der Mächtige wird ohnmächtig. Und der vermeintlich Ohnmächtige, den er verfolgt hat, erweist sich als stärker – durch sein Wort. In ihm liegt seine Macht.

Paulus findet sich in diesem Wort wieder. Nun erweist es sich als „gewisslich wahr" und „teuer wert". Es ist so: Plötzlich weiß Paulus sich in die Geschichte Jesu hineingenommen. Dort ist Platz auch für ihn, den Sünder, der sich als größten aller Sünder erkennt. Ihm ist Barmherzigkeit widerfahren.

5.

Und nun beginnt eine neue Geschichte. Paulus vertraut sich Jesus an. Und der Herr, der ihm vor Damaskus begegnet ist, traut ihm Großes zu. Da hat sich ein Raum des Vertrauens gebildet, in dem Paulus nicht verschweigen und verdrängen muss, was er vor Damaskus getan hat und was ihn auch danach noch bedrängt. Aber gerade ein Mensch, der von sich sagt: „Ich habe gesündigt gegen den Himmel und vor dir, ich bin hinfort nicht mehr wert, dass ich dein Sohn heiße", findet die offenen Arme des Vaters (Lk 15,11–32). Gerade dieser Mensch, der sich als Sünder weiß, wird in den Dienst genommen. Er wird in das Amt eingesetzt, in dem er starke Kräfte empfängt und ausübt.

Am Ende gibt es nur noch Grund zu danken. In unserem Text ist es das erste und das letzte Wort, das Wort, das alles umfasst: „Ich danke unserem Herrn Christus Jesus, der mich stark gemacht und treu geachtet hat und gesetzt in das Amt. Und Gott, dem ewigen König, dem Unvergänglichen und Unsichtbaren, der allein Gott ist, sei Ehre und Preis in Ewigkeit! Amen."

2. Teil: Theologische Grundlegung: Paulusexegese und Luthers Einsichten

Hans-Christian Kammler:

„New Perspective on Paul" – Thesen und Probleme

I. Kontroverse Beurteilungen des Verhältnisses von Paulus und Luther in der neutestamentlichen Wissenschaft

Im Blick auf die gegenwärtig lebhaft umstrittene Frage, ob Martin Luther in seiner Paulusinterpretation und hier insbesondere in seiner Rechtfertigungslehre – und also in der *Mitte* seines theologischen Denkens – den Apostel zutreffend verstanden oder aber missverstanden hat, möchte ich mit einigen ausgewählten Statements beginnen, die die unterschiedlichen Sichtweisen besonders pointiert zur Sprache bringen.

Als einem gewichtigen Repräsentanten der sog. „New Perspective on Paul"[1], die eine tiefe sachliche Differenz zwischen der Theologie Martin Luthers und der des Apostels behauptet, sei zunächst Ed Parish Sanders das Wort gegeben, der in seinem Paulusbuch bemerkt: „Martin Luther, dessen Einfluß auf spätere Interpreten enorm war, stellte Paulus' Aussagen in den Mittelpunkt seiner eigenen, gänzlich anderen Theologie."[2] Die Probleme Luthers „waren nicht die paulinischen, und wir inter-

---

[1] Diese Bezeichnung geht auf einen Aufsatz von James D. G. Dunn zurück: The New Perspective on Paul, BJRL 65 (1983) S. 95–122; jetzt auch in: Ders., The New Perspective on Paul. Collected Essays (WUNT 185), Tübingen 2005, S. 89–110.

[2] Ed Parish Sanders, Paulus. Eine Einführung (RUB 9365), Stuttgart 1995, S. 63 (die deutsche Übersetzung der englischen Originalausgabe: Ed Parish Sanders, Paul. A very short introduction, Oxford 1991).

pretieren Paulus falsch, wenn wir ihn mit Luthers Augen sehen"[3]. Im gleichen Sinne erklärt Heikki Räisänen kurz und trocken: „Paul was no Luther before Luther."[4]

Die Gegenposition findet sich bereits bei Ernst Käsemann: „Mit unbestreitbarem Recht gründete die Reformation ihr Verständnis evangelischer Theologie als Kreuzestheologie auf Paulus. (…) Mit äußerster Schärfe muß behauptet werden, daß Paulus historisch wie theologisch von der reformatorischen Einsicht her verstanden werden muß. Jede andere Perspektive erfaßt bestenfalls Teile seines Denkens, nicht aber dessen Zentrum."[5] Dem Urteil Ernst Käsemanns sei aus neuerer Zeit an die Seite gestellt, was Otfried Hofius programmatisch zu Beginn des 2002 erschienenen zweiten Bandes seiner „Paulusstudien" erklärt: „Im Vorwort zu dem 1989 publizierten ersten Band meiner ‚Paulusstudien' … habe ich zwei Einsichten notiert, die sich mir bei der Beschäftigung mit der Theologie des Apostels immer aufs neue bestätigt hatten: 1. Die Briefe des Paulus sind Zeugnisse eines Denkens, das sich – gerade auch hinsichtlich des Gesetzesverständnisses – durch innere Stimmigkeit und sachliche Stringenz auszeichnet. 2. Im Zentrum der paulinischen Theologie steht die Christologie und Soteriologie, steht eben damit aber auch als deren

---

[3]   AaO, S. 65. Ähnlich formuliert KRISTER STENDAHL, Der Jude Paulus und wir Heiden. Anfragen an das abendländische Christentum (KT 36), München 1978, S. 24 im Blick auf die seines Erachtens zu konstatierenden fundamentalen Unterschiede zwischen Paulus und Luther: „Es geht darum, daß wir alle im Westen, vor allem in der reformatorischen Tradition, Paulus gar nicht anders lesen können als durch die Brille der Erfahrungen von Menschen wie Luther oder Calvin. Dies ist der Hauptgrund für unsere Unfähigkeit, Paulus zu verstehen."

[4]   HEIKKI RÄISÄNEN, Paul and the Law (WUNT 29), Tübingen ²1987, S. 231. Auf Räisänens Paulusinterpretation und hier insbesondere auf seine These, dass das paulinische Gesetzesverständnis durch gravierende gedankliche Inkonsistenzen gekennzeichnet sei, kann ich in diesem Aufsatz nicht näher eingehen. Ich verweise dazu auf die umfassende Darstellung und Kritik von TEUNIS ERIK VAN SPANJE, Inconsistency in Paul? A Critique of the Work of Heikki Räisänen (WUNT II/110), Tübingen 1999.

[5]   ERNST KÄSEMANN, Paulinische Perspektiven, Tübingen ²1972, S. 61.

notwendige, konsequente und für das Denken des Apostels konstitutive Explikation die Rechtfertigungslehre, deren entscheidende Aussagen in der reformatorischen Theologie durchaus zutreffend erfaßt und zur Geltung gebracht worden sind. (…) Bei der Veröffentlichung des neuen Bandes sehe ich reichlich Grund gegeben, das damalige Urteil zu wiederholen und es zugleich mit allem Nachdruck zu unterstreichen. Daß die Reformatoren in der Auslegung des einen oder anderen paulinischen Textes auch kräftig irren konnten, zeigt exemplarisch ihre exegetisch unhaltbare Interpretation von Römer 7. Keineswegs geirrt haben sie jedoch in ihrem Verständnis der von Paulus bezeugten ‚Wahrheit des Evangeliums'. Im Gegenteil: Hier haben die Reformatoren zutreffend erkannt, daß es im Zentrum der paulinischen Theologie und Verkündigung um die Frage nach dem ewigen Heil der *ganzen* vor Gott verlorenen Menschheit geht. Und sie haben, indem sie das exklusive *solus Christus* und als seine Explikation das *sola gratia*, das *solo verbo* und das *sola fide Christi* betonten, die Antwort des Apostels sehr wohl angemessen zur Sprache gebracht. Daß neuere Forschungen in dieser Sache zu einer fundamental anderen Sicht nötigten, – diese heute gelegentlich lautstark vorgetragene These darf angesichts des klaren Befundes der Texte und also aus wissenschaftlichen Gründen getrost in den Bereich der Legende verwiesen werden."[6]

---

[6] OTFRIED HOFIUS, Paulusstudien II (WUNT 143), Tübingen 2002, V u. VI. Ähnlich urteilt HANS HÜBNER, Was heißt bei Paulus „Werke des Gesetzes"?, in: DERS., Biblische Theologie als Hermeneutik. Gesammelte Aufsätze (hg. von ANTJE LABAHN und MICHAEL LABAHN), Göttingen 1995, S. 166–174, hier: S. 174: „Der angeblich durch die Brille der Reformation gelesene (‚(mis)-reading') Paulus [ist] doch wohl der Paulus …, dessen Bild mit Hilfe des historisch-methodischen Instrumentariums gewonnen ist. Der ‚evangelische' Paulus ist nicht der auf Grund eines konfessionalistischen oder auch nur konfessionellen Vorurteils gewonnene Paulus. (…) Dunn hat seinen Aufsatz überschrieben ‚The new Perspective on Paul'. Es muß aber doch wohl bei der alten Perspektive bleiben, wobei ‚alt' zumindest die Perspektive der Reformatoren meint, zum Teil aber auch die des Augustinus."

II. Darstellung und kritische Würdigung einiger zentraler Grundthesen der „New Perspective on Paul"

Auch wenn die „New Perspective on Paul"[7] keine einheitliche Forschungsrichtung darstellt und es zwischen ihren Vertretern durchaus Unterschiede und nicht unerhebliche Differenzen gibt[8], so hat sie doch

---

[7] Für meine eigenen Überlegungen im Blick auf die „New Perspective on Paul" verdanke ich vor allem den folgenden beiden Aufsätzen wichtige Anregungen: WILFRIED HÄRLE, Paulus und Luther. Ein kritischer Blick auf die ‚New Perspective', ZThK 103 (2006) S. 362–393; CHRISTOF LANDMESSER, Umstrittener Paulus. Die gegenwärtige Diskussion um die paulinische Theologie, ZThK 105 (2008) S. 387–410.

[8] Siehe dazu die instruktive Darstellung von CHRISTIAN STRECKER, Paulus aus einer „neuen Perspektive". Der Paradigmenwechsel in der jüngeren Paulusforschung, KuI 11 (1996) S. 3–18, hier: S. 7–14. Strecker hebt innerhalb der „New Perspective on Paul" *drei* Ansätze bzw. Perspektiven voneinander ab: 1. „die christologisch-ethnische Perspektive und die These der Diskontinuität zum Judentum (E.P. Sanders; H. Räisänen)" (S. 8), 2. „die soziologisch-nationale Perspektive und die These der Kontinuität zum Judentum (J.D.G. Dunn; N.T. Wright)" (S. 11) und 3. „die konsequent heidenchristliche Perspektive und die These der zwei Bünde ([L.] Gaston)" (S. 13). Zu Recht bemerkt KLAUS HAACKER, Verdienste und Grenzen der „neuen Perspektive" der Paulus-Auslegung, in: MICHAEL BACHMANN (HG.), Lutherische und Neue Paulusperspektive. Beiträge zu einem Schlüsselproblem der gegenwärtigen exegetischen Diskussion (WUNT 182), Tübingen 2005, S. 1–15, hier: S. 3: „In der Diskussion über die ‚new perspective' darf ... nicht in Vergessenheit geraten, dass es sich nicht um *eine klar definierte Position* handelt, sondern um eine veränderte *Gemengelage* aus untereinander verwandten, aber nicht identischen Impulsen zu einer Neuorientierung im Verständnis der paulinischen Theologie. Die übergreifende Gemeinsamkeit besteht in der Absicht, die reformatorische Wirkungsgeschichte kritisch zu hinterfragen und dabei dem antiken Judentum historisch gerechter zu werden." Hingewiesen sei schließlich auf die Darstellung der Positionen von Sanders und Dunn durch JENS-CHRISTIAN MASCHMEIER, Rechtfertigung bei Paulus. Eine Kritik alter und neuer Paulusperspektiven (BWANT 189), Stuttgart 2010, S. 21–36.

gemeinsame Grundthesen, die im Folgenden exemplarisch dargestellt und kritisch gewürdigt sein sollen[9].

1   Die erste Grundthese

Die Forderung einer Fundamentalkritik an der für die abendländische bzw. westlich-reformatorische Theologie und Kirche bestimmenden Paulusinterpretation Augustins und Luthers auf Grund und verbunden mit einer Neubestimmung von Bedeutung und Stellung der Rechtfertigungslehre im Gesamtgefüge der paulinischen Theologie

Hinter dieser Grundthese steht die vermeintliche Entdeckung einer – mit Luther gesprochen – „babylonischen Gefangenschaft" der westlich-protestantischen Paulusexegese, die insbesondere durch Rudolf Bultmann und seine Schule repräsentiert werde, in den Fängen Augustins und Luthers[10]. Der eigentliche „Sündenfall" bestehe zum einen – *formaliter* – in

---

[9]   Vgl. zum Folgenden die skizzenartigen Darstellungen und Würdigungen der „New Perspective on Paul" durch PETER STUHLMACHER, Biblische Theologie des Neuen Testaments. Band 1: Grundlegung. Von Jesus zu Paulus, Göttingen 1992, S. 239–243; DERS., Zum Thema Rechtfertigung, in: DERS., Biblische Theologie und Evangelium. Gesammelte Aufsätze (WUNT 146), Tübingen 2002, S. 23–65, hier: S. 38–47; EDUARD LOHSE, Der Brief an die Römer (KEK 4), Göttingen 2003, S. 140–145; LANDMESSER, Umstrittener Paulus (siehe Anm. 7), S. 391–407; HAACKER, Verdienste und Grenzen (siehe Anm. 8), S. 1–15; JÖRG FREY, Das Judentum des Paulus, in: ODA WISCHMEYER (HG.), Paulus. Leben – Umwelt – Werk – Briefe (UTB 2767), Tübingen – Basel ²2012, S. 25–65, hier: S. 55–63.

[10]   So programmatisch KRISTER STENDAHL, The Apostle Paul and the Introspective Conscience of the West, HThR 56 (1963) S. 199–215 (wieder abgedruckt in: DERS., Paul among Jews and Gentiles and other Essays, Philadelphia ²1978, S. 78–96 [im Folgenden nach diesem Abdruck zitiert]). Deutsche Übersetzung: Der Apostel Paulus und das „introspektive" Gewissen des Westens, KuI 11 (1996) S. 19–33. STENDAHL, Introspective Conscience, S. 85 erblickt in Augustins „Confessiones" „the first great document in the history of the introspective conscience" und bemerkt sodann: „The Augustinian line leads into the Middle Ages and reaches its climax in the penitential struggle of an Augustinian monk, Martin Luther, and in his interpretation of Paul."

der Behauptung der Zentralstellung der Rechtfertigungslehre im Gesamtgefüge der paulinischen Theologie und zum andern – *materialiter* – in der
konkreten Interpretation dieser als zentral behaupteten Rechtfertigungslehre. Diese werde sachlich verfehlt, indem sie einerseits *indivi-
dualistisch* statt *ekklesiologisch* bzw. *soteriologisch* statt *soziologisch* und
andererseits *überzeitlich* und *universal gültig* statt streng *historisch-situativ*
und ausschließlich *auf die Heidenchristen bezogen* verstanden werde.

Die von der „New Perspective on Paul" vorgetragene Kritik an der
Zentralstellung der Rechtfertigungslehre knüpft an Thesen liberaler
Paulusinterpreten des frühen 20. Jahrhunderts an. So bemerkt bereits
William Wrede in seinem Paulusbuch: Die Rechtfertigungslehre ist „die
Kampfeslehre des Paulus, nur aus seinem Lebenskampfe, seiner Ausein-
andersetzung mit dem Judentum und Judenchristentum verständlich und
nur für diese gedacht"[11]. Nach dem nicht weniger bekannten Urteil Albert
Schweitzers ist „die Lehre von der Gerechtigkeit aus dem Glauben" im
Ganzen des paulinischen Denkens lediglich „ein *Nebenkrater*, der sich im
Hauptkrater der Erlösungslehre der Mystik des Seins in Christo bildet"[12].

In der zweiten Hälfte des 20. Jahrhunderts wurde die Zentralstellung
der Rechtfertigungslehre dann besonders wirkungsvoll von dem späteren
lutherischen Bischof von Stockholm Krister Stendahl bestritten. In dem
umfangreichen Aufsatz „Paul among Jews and Gentiles"[13] vertritt Stendahl die These, dass die Vorstellung von der Rechtfertigung aus Glauben
für Paulus nicht eine *essentielle* Zentralaussage seiner Soteriologie sei,
sondern dass er diese Vorstellung lediglich streng *funktional* zur theolo-

---

[11]   WILLIAM WREDE, Paulus (1904), in: KARL HEINRICH RENGSTORF (HG.), Das Paulusbild
in der neueren deutschen Forschung (WdF XXIV), Darmstadt 1964 = ³1982, S. 1–97,
hier: S. 67.

[12]   ALBERT SCHWEITZER, Die Mystik des Apostels Paulus, Tübingen 1930 = ²1954, S. 220
(Hervorhebung von mir).

[13]   KRISTER STENDAHL, Paul among Jews and Gentiles, in: DERS., Paul (siehe Anm. 10),
S. 1–77 (deutsch: DERS., Paulus unter Juden und Heiden, in: DERS., Der Jude Paulus
[siehe Anm. 3], S. 10–102).

gischen Legitimation der von ihm praktizierten Heidenmission entwickelt habe. Paulus beantworte mit seiner Rechtfertigungslehre ausschließlich die Frage, wie die *Heidenchristen* in das Heil einbezogen werden können („the inclusion of gentiles"), das Israel bereits von Gott zugeeignet sei bzw. zu dem Gott sein auserwähltes Eigentumsvolk auf eigenem Wege führen werde: eben – so seine Antwort – *durch die Rechtfertigung aus Glauben*[14]. In

---

[14] Vgl. STENDAHL, Der Jude Paulus (siehe Anm. 3): „Die folgenden Kapitel wollen zeigen, daß Paulus eine solche Lehre von der Rechtfertigung aus Glauben zu einem ganz spezifischen, begrenzten Zweck erarbeitet hat, nämlich um die Rechte der heidnischen Konvertiten sicherzustellen, ganz und wahrhaft Erben der Verheißungen Gottes an Israel zu sein. Ihre Rechte gründen einzig im Glauben an Jesus Christus." (S. 11) „Die Rechtfertigungslehre [ist] nicht *das* vorherrschende, strukturierende Lehrprinzip oder *die* überragende Erkenntnis des Paulus"; sie erfüllt vielmehr „eine ganz spezifische Funktion in seinem Denken (…) Ich würde meinen, daß die Rechtfertigungslehre in Paulus' theologischem Denken aus seinem Bemühen darum stammt, wie der Ort der Heiden im Reich Gottes zu begründen ist." (S. 41) Der Ort und die Funktion der Rechtfertigungslehre im Römerbrief sind – so Stendahl – „apologetisch": Paulus „verteidigt so das Recht der Heiden, Vollmitglieder des Gottesvolkes zu werden. Wenn er im Galaterbrief von der ‚Rechtfertigung aus Glauben' spricht, dann verteidigt er damit die Rechte seiner heidnischen Konvertiten gegen die Praxis des ‚Judaisierens', also dagegen, die *Heiden* unter Beschneidung und Speisegesetze zu stellen." (S. 140 f.) – Eine ganz ähnliche Sicht findet sich bereits Ende des 19. Jahrhunderts bei PAUL WERNLE, Der Christ und die Sünde bei Paulus, Freiburg bzw. Leipzig 1897, S. 83 f.: „Paulus ist zur Aufstellung der Rechtfertigungslehre genötigt worden durch die Schwierigkeiten, welche seinem theokratischen Bewusstsein aus seinem Missionsberuf erwuchsen. (…) Darauf, dass die Heiden rechtmässige Volksgenossen, Mitbürger der Heiligen und Hausgenossen Gottes … wurden, kam ihm bei seiner Mission Alles an. (…) Durch den Glauben traten die Heiden in den Bund Gottes mit Abraham und wurden zu Gliedern seines Stammes aufgenommen. (…) *Die Rechtfertigungslehre dient lediglich der Heidenmission.* Zugleich tritt damit das *sola fide* des Apostels in einen andern Zusammenhang. Die Gesetzeswerke, denen der Glaube entgegengesetzt wird, sind Beschneidung und Reinheitspflichten, durch die nach jüdischem Recht der Proselyt seinen Eintritt in die Gemeinde erwirkt. Denen gegenüber erklärt Paulus, dass von den herzuströmenden Heiden nichts verlangt werde, als dass sie Glauben hätten an den Messias Jesus, der für sie gestorben und auferstanden sei. Wer an diesen Messias glaubt, der darf sicher hoffen, in sein Reich einzugehn, und die Gemeinde

diesem Zusammenhang behauptet Stendahl, dass Paulus in seinen Briefen die Frage nach der Bedeutung der Rechtfertigungslehre für *Judenchristen* überhaupt nicht erörtere[15], ja, dass er sie im Blick auf diese im Grunde für *irrelevant* halte, da die Rechtfertigung aus Glauben für die Juden nicht gelte. Damit stellt Stendahl eine überaus gewagte These auf, deren Unhaltbarkeit im Blick auf den *Galaterbrief* bereits im Licht von Gal 2,15–21 evident ist. Gleiches gilt im Blick auf den *Römerbrief* schon angesichts der universalen, sich auf die gesamte Menschheit erstreckenden Themenangabe von Röm 1,16 f. (das Evangelium ist δύναμις θεοῦ εἰς σωτηρίαν παντὶ τῷ πιστεύοντι, Ἰουδαίῳ τε πρῶτον καὶ ῞Ελληνι) sowie angesichts ihrer Entfaltung in Röm 1,18 – 8,39, in der zunächst in Röm 1,18 – 3,20 die universale Heillosigkeit aller Menschen vor Gott aufgewiesen wird, der sodann in Röm 3,21 – 4,25 die Offenbarung der ebenso universalen und also allen Menschen geltenden heilvollen Gerechtigkeit Gottes in Jesus Christus und in Röm 5,1 – 8,39 das in dieser universalen Heilstat begründete neue Sein des Menschen in Christus und die diesem neuen Sein entsprechende Hoffnung entgegengestellt wird[16]. Wenn Stendahl sich

---

nimmt ihn auf als ihr Glied. Die protestantische Frage, ob der Christ gute Werke thun müsse, oder nicht, hat mit der Rechtfertigungsfrage gar nichts zu thun; darüber wurde auch gar nicht gestritten. Erst durch die Verschiebung der Rechtfertigungslehre aus der Mission in die Gemeindetheologie sind jene unlösbaren Controversen entstanden." In diesem längeren Zitat sind bereits wesentliche Aspekte der „New Perspective on Paul" vorweggenommen: von der rein *funktionalen* Erklärung der Rechtfertigungslehre zur Legitimation der Heidenmission bis hin zur *einschränkenden*, ausschließlich auf Beschneidung und Reinheitsgebote bezogenen Interpretation der ἔργα νόμου, wie sie gegenwärtig etwa von James D.G. Dunn vertreten wird. Die „New Perspective" ist also in Wahrheit weit weniger „new", als es oftmals den Anschein hat. Den Hinweis auf Wernle verdanke ich MICHAEL WOLTER, Paulus. Ein Grundriss seiner Theologie, Neukirchen-Vluyn 2011, S. 341 f.

[15] STENDAHL, Der Jude Paulus (siehe Anm. 3), S. 11: „Nirgendwo in seinen Schriften gibt er uns … einen Hinweis darauf, was er bei den Judenchristen in diesen Fragen für richtig hielt."

[16] Man beachte nur das πάντες in Röm 3,22 f., das gleichermaßen für die *negativ* qualifizierten *hamartiologischen* Aussagen wie für die *positiv* qualifizierten *soteriologischen* Aussagen gilt, und ferner die Ausführungen von Röm 3,27–30;

für seine Sicht auf Röm 11,26 (πᾶς Ἰσραὴλ σωθήσεται) beruft[17], so geschieht auch das zu Unrecht. Denn Röm 11,26 spricht keineswegs von einer Errettung Israels *ohne* und *unabhängig* von Christus, – ist der erwartete und in der Heiligen Schrift (Jes 59,20 f.) verheißene „Retter" Israels nach dem Urteil des Apostels, wie sich nicht zuletzt aus 1. Thess 1,10 und Phil 3,20 zwingend ergibt, doch niemand anderes als der zur Parusie erscheinende Jesus Christus selbst (Röm 11,26b)[18]. Außerdem will beachtet sein, was Paulus kurz zuvor in Röm 10 dargelegt hat: Zwischen Juden und Griechen besteht im Blick auf das Heil gerade „kein Unterschied, denn es gibt nur ein und denselben Herrn aller [nämlich: Jesus Christus]" (V. 12). Das in Christi Kreuzestod und Auferstehung beschlossene Heil wird einzig durch das „Wort Christi", d.h. durch das Evangelium erschlossen (V. 17), das den rettenden Glauben an Jesus und das Bekenntnis zu ihm als dem „Herrn" wirkt (V. 8 f.) und so zur anbetenden Anrufung seines Namens führt (V. 13: Zitat von Joel 3,5).

In seinem 1963 erschienenen Vortrag „The Apostle Paul and the Introspective Conscience of the West"[19] sucht Stendahl den *Grund* aufzuspüren, warum Augustin und die Reformatoren Paulus so missverstanden haben. Er erblickt diesen Grund – psychologisch gesprochen – im Phänomen der unbewussten „Übertragung" bzw. „Projektion" ihrer eigenen Psyche und Gewissensnöte auf Paulus – mit der Folge: „Rechtfertigung ‚rechtfertigte' nicht länger den Status der Heiden als Juden ehrenhalber, sondern sie wurde die zeitlose Antwort auf die Nöte und Qualen des

---

4,1 ff.; 5,12 ff. (innerhalb der Adam-Christus-Antithese erscheint wieder das πάντες V. 18 f. – und zwar sowohl auf der *negativ* qualifizierten *Adams-Seite* wie auf der *positiv* qualifizierten *Christus-Seite*).

[17]   STENDAHL, Der Jude Paulus (siehe Anm. 3), S. 14. 44.

[18]   Ebenso urteilen z.B. OTFRIED HOFIUS, Das Evangelium und Israel. Erwägungen zu Römer 9–11, in: DERS., Paulusstudien I (WUNT 51), Tübingen 1989, S. 175–202, hier: S. 196; DIETER SÄNGER, Die Verkündigung des Gekreuzigten und Israel. Studien zum Verhältnis von Kirche und Israel bei Paulus und im frühen Christentum (WUNT 75), Tübingen 1994, S. 168–171.

[19]   Siehe Anm. 10.

ichbezogenen westlichen Gewissens."[20] Paulus aber habe vor seiner Berufung zum Apostel – anders als Luther vor seiner reformatorischen Entdeckung – keine Gewissensnöte gehabt[21]. Er war nach seiner eigenen Überzeugung vielmehr „untadelig im Gesetz" (Phil 3,6). Er war kein Gottsucher, nicht umgetrieben von der Frage nach dem gnädigen Gott, sondern wähnte sich im Einklang mit Gott, verfolgte er die christliche Gemeinde doch gerade unter Berufung auf das Erste Gebot[22]. Hier ist von Stendahl ohne Frage Richtiges gesehen! Paulus gewinnt seine Theologie nicht durch „Introspektion", nicht durch eine subtile, ja skrupulöse Gewissenserforschung, sondern einzig auf Grund eines ihn gänzlich unvermittelt und unerwartet von außen treffenden Widerfahrnisses. Er erlebt vor Damaskus nicht seine „Bekehrung", sondern seine „Berufung zum Apostel"[23]. Aber – so ist zugleich zu betonen – durch dieses Widerfahrnis werden die Existenz und das Denken des Paulus grundstürzend verändert und verwandelt. Letzteres kommt bei Stendahl nur unzureichend in den Blick. Den zu Phil 3,6 antithetischen Aussagen von Phil 3,7 f., denen zufolge Paulus seine Existenz vor Damaskus im Rückblick – d.h. von der Erkenntnis Jesu Christi her – für „Verlust" (ζημία), ja für „Unrat" (σκύβαλα) hält, kann Stendahl nicht gerecht werden[24]. Die Begegnung mit dem auferstandenen Christus führt den Apostel zu einer vertieften Selbstwahrnehmung und zu radikaler Selbstkritik[25]. Auch wenn Paulus hier – anders als Luther – nicht von einer Gewissenserfahrung re-

---

[20] STENDAHL, Der Jude Paulus (siehe Anm. 3), S. 15.

[21] STENDAHL, Introspective Conscience (siehe Anm. 10), S. 80; DERS., Der Jude Paulus (siehe Anm. 3), S. 24 ff. Ebenso JAMES D. G. DUNN, The Justice of God. A renewed perspective on justification by faith (1992), in: DERS., Collected Essays (siehe Anm. 1), S. 187–205, hier: S. 189 f.

[22] Vgl. HÄRLE, Paulus und Luther (siehe Anm. 7), S. 378 f.; WOLTER, Paulus (siehe Anm. 14), S. 364.

[23] STENDAHL, Der Jude Paulus (siehe Anm. 3), S. 17–37.

[24] Gleiches gilt für ED PARISH SANDERS, Paulus (siehe Anm. 2), S. 129 (dazu kritisch HÄRLE, Paulus und Luther [siehe Anm. 7], S. 371).

[25] Siehe nur 1. Kor 15,8 f.!

det[26], so besteht in der Sache doch gleichwohl eine große Übereinstimmung mit dem Reformator. Beiden geht es um den Menschen *coram Deo*, und zwar – in *universaler* und *ekklesiologischer* Perspektive – um die Menschheit als Ganze: um Heiden und Juden, und – in *individueller* Perspektive – um den Einzelnen. Insofern steht der Versuch einer angemessenen Verhältnisbestimmung zwischen Luther und Paulus vor einer theologisch und hermeneutisch gleichermaßen anspruchsvollen Aufgabe: Einerseits ist die im Blick auf den *Entdeckungszusammenhang* der Rechtfertigungslehre in der Tat gegebene Differenz zwischen Paulus und Luther unbedingt wahrzunehmen und zu beachten; und andererseits ist zugleich im Blick auf den sachlich ungleich gewichtigeren *Begründungszusammenhang* der Rechtfertigungslehre zu fragen, ob hier nicht – ungeachtet der andersartigen Genese und trotz sprachlicher bzw. begrifflicher Unterschiede – gleichwohl tiefe *inhaltliche Übereinstimmungen* zwischen Paulus und Luther bestehen[27]. Zudem ist mit der Möglichkeit zu rechnen, dass durch die insbesondere bei Augustin und Luther (und dann in ihrem Gefolge auch in der Moral- und Religionsphilosophie Immanuel Kants) vorliegende Innenschau ein *theologischer Erkenntnisgewinn* erzielt worden ist. Von daher muss die Frage erlaubt sein, ob bei der „New Perspective" und ihrer Luther-Kritik nicht ein zumindest *latenter Biblizismus* vorliegt. Muss Paulus denn alle Implikationen seiner Rechtfertigungslehre und des mit ihr bezeugten Evangeliums bereits selbst begriffen und entfaltet haben? Kann es nicht auch ein *„Mit Paulus über Paulus hinaus!"* geben? Und könnte nicht genau das bei der augustinisch-

---

[26] Der Begriff „Gewissen" hat bei Paulus (συνείδησις) eine andere Semantik als bei Luther (conscientia) und infolgedessen ein theologisch und anthropologisch geringeres Gewicht. Zu *Paulus* siehe HANS-JOACHIM ECKSTEIN, Der Begriff Syneidesis bei Paulus (WUNT II/10), Tübingen 1983 sowie PHILIP BOSMAN, Conscience in Philo and Paul. A Conceptual History of the Synoida Word Group (WUNT II/166), Tübingen 2003 (dazu meine Rezension, in: BZ.NF 51 [2007] S. 139–141). Zu *Luther* siehe GERHARD EBELING, Das Gewissen in Luthers Verständnis. Leitsätze, in: DERS., Lutherstudien. Band III: Begriffsuntersuchungen – Textinterpretationen – Wirkungsgeschichtliches, Tübingen 1985, S. 108–125.

[27] Vgl. WOLTER, Paulus (siehe Anm. 14), S. 409–411.

lutherischen Introspektion der Fall sein? Also: *Theologische Vertiefung gerade durch Introspektion*[28]!

Zurück zu Stendahl: Der Kontext, in welchem die paulinische Recht-fertigungslehre ihren ursprünglichen bzw. genuinen Ort hat, ist seines Erachtens, wie wir bereits dargelegt haben, nicht die individuelle Gewissenserfahrung, nicht die existentielle Frage nach dem gnädigen Gott, sondern die Heidenmission, d.h. die Frage, wie die Heiden am Heil Israels Anteil bekommen. „Damaskus" sei nicht ein Bekehrungserlebnis, nicht ein Religionswechsel; vielmehr sei Paulus *als Jude* zum Apostel der Völker geworden und als an Christus Glaubender *Jude geblieben*[29]. Dazu ist zu sa-gen: So richtig es ist, dass Inhalt und Ziel des Damaskus-Widerfahrnisses nicht in der Bekehrung des Paulus, sondern in seiner Berufung zum Apostel liegen und der Glaube an Jesus Christus nicht der Glaube an einen anderen, ihm zuvor noch unbekannten Gott ist, so sehr gilt doch auch, dass Damaskus für Paulus einen *radikalen Bruch* bedeutet, der ihn mit inne-rer Notwendigkeit zur *Abkehr* von für ihn zuvor zentralen und als unumstößlich geltenden Grundüberzeugungen des antiken Judentums führt. Insofern kann man religionsphänomenologisch bzw. religions-typologisch durchaus von einem „Religionswechsel" sprechen. Der radi-kale Bruch spiegelt sich in den paulinischen Briefen nicht nur im Verhältnis von Phil 3,7 ff. zu Phil 3,5 f. wider, sondern zeigt sich auch in der Licht-Finsternis-Metaphorik von 2. Kor 4,6[30] oder auch in dem Nach-

---

[28] Vgl. HÄRLE, Paulus und Luther (siehe Anm. 7), S. 380 f.: „Luther hat ... in seinen Klosterkämpfen eine der tiefreichendsten religiösen Entdeckungen gemacht: Solange ein Mensch den Willen Gottes zu erfüllen versucht aus Furcht vor der Strafe Gottes oder aus Hoffnung auf den Lohn Gottes, kann er zwar jede *Handlung* vollziehen, die vom Gesetz geboten ist, aber er liebt dabei nicht *Gott*, sondern immer nur *sich selbst.*"

[29] STENDAHL, Introspective Conscience (siehe Anm. 10), S. 84 f.

[30] In 2. Kor 4,6 hat Paulus zum einen vor Augen, was *ausschließlich ihm* vor Damaskus bei seiner Berufung zum Apostel widerfahren ist, und zum andern das, was *jedem Christen* in der Begegnung mit der Glauben wirkenden Verkündigung des Evangeliums widerfährt.

und Nebeneinander der – allererst vom Christusgeschehen her einsichtigen – universalen, also Juden und Heiden gleichermaßen betreffenden *Unheils*situation Röm 1,18 – 3,20 und der durch Christus inaugurierten universalen *Heils*situation Röm 3,21 – 4,25. Ferner will die distanzierte Rede vom Ἰουδαϊσμός (Gal 1,13 f.) bzw. ἰουδαΐζειν (Gal 2,14) beachtet sein. Die Frage nach dem „wahren Israel" wird von Paulus überdies in Gal 6,16 bezeichnenderweise *so* beantwortet, dass die *universale Heilsgemeinde aus an Christus glaubenden Juden und Heiden* mit dem „*Israel Gottes*" (Ἰσραὴλ τοῦ θεοῦ) identifiziert wird[31], das als solches von der „Wahrheit des Evangeliums" (Gal 2,5.14) und also vom *solus Christus crucifixus* und von dessen Implikat: der *iustificatio impiorum sola fide* lebt[32].

Die reformatorische Deutung von Röm 7 auf den Christen im Sinne des *simul iustus et peccator* lehnt Stendahl zu Recht ab[33]. Aber, so ist sogleich zu betonen, durch die bei Luther vorliegende – wesentlich durch die literarkritisch als Glosse zu beurteilende Aussage von V. 25b bedingte[34] –

---

[31] Ebenso HANS-JOACHIM ECKSTEIN, Verheißung und Gesetz. Eine exegetische Untersuchung zu Galater 2,15 – 4,7 (WUNT 86), Tübingen 1996, S. 252: „Mit ὁ Ἰσραὴλ τοῦ θεοῦ [ist] gemäß Gal 3,7.9.29; 4,28.31 eindeutig die universale Heilsgemeinde aus Juden und Heiden gemeint", d.h. „die an Christus Gläubigen".

[32] Zum hier vorausgesetzten Verständnis der Wendung ἡ ἀλήθεια τοῦ εὐαγγελίου siehe OTFRIED HOFIUS, „Die Wahrheit des Evangeliums". Exegetische und theologische Erwägungen zum Wahrheitsanspruch der paulinischen Verkündigung, in: DERS., Paulusstudien II (WUNT 143), Tübingen 2002, S. 17–37, bes.: S. 26–28.

[33] STENDAHL, Der Jude Paulus (siehe Anm. 3), S. 42 f. – Zu der Einsicht, dass Paulus in Röm 7 nicht vom Christen redet, siehe den exegetischen Nachweis bei WERNER GEORG KÜMMEL, Römer 7 und die Bekehrung des Paulus (1929), in: DERS., Römer 7 und das Bild des Menschen im Neuen Testament. Zwei Studien (ThB 53), München 1974, S. 1–160; OTFRIED HOFIUS, Der Mensch im Schatten Adams. Römer 7, 7–25a, in: DERS., Paulusstudien II (siehe Anm. 32), S. 104–154; HERMANN LICHTENBERGER, Das Ich Adams und das Ich der Menschheit. Studien zum Menschenbild von Römer 7 (WUNT 164), Tübingen 2004.

[34] Siehe dazu schon RUDOLF BULTMANN, Glossen im Römerbrief (1947), in: DERS., Exegetica. Aufsätze zur Erforschung des Neuen Testaments (hg. von ERICH DINKLER), Tübingen 1967, S. 278–284, hier: S. 278 f. und ferner den detaillierten

Fehlinterpretation von Röm 7 wird dessen These von der Zentralstellung der Rechtfertigungslehre im Ganzen der paulinischen Theologie und ihrer universalen Bedeutung in gar keiner Weise tangiert. Denn in Röm 7 geht es um die durch das Gesetz vom Sinai aufgewiesene abgrundtiefe Verlorenheit des adamitischen Menschen – und also *aller* Menschen! – vor Gott, wie sie allererst im Lichte des Evangeliums, d.h. von Jesus Christus her, einsichtig wird. Diese Verlorenheit ist die notwendige Voraussetzung der Rechtfertigungslehre, die die Befreiung aus eben dieser vom Menschen her ausweglosen Situation thematisiert und begrifflich entfaltet.

2 Die zweite Grundthese

Kritik am latenten Antijudaismus der „alten" Paulusinterpretation (das Judentum als Religion der „Werkgerechtigkeit") durch eine korrigierte, positive Sicht des Judentums (das Judentum als Religion des „Bundesnomismus" und der Gnade)

Für die Darstellung der zweiten Grundthese der „New Perspective on Paul" sind die Arbeiten von Ed Parish Sanders einschlägig. In seiner 1977 zunächst auf Englisch und 1985 dann auch auf Deutsch erschienenen Monographie „Paul and Palestinian Judaism"[35] zeigt Sanders überzeugend auf, dass das antike Judentum insbesondere im deutschsprachigen Protestantismus zu Unrecht als eine Religion der Werkgerechtigkeit bzw. Gesetzlichkeit gekennzeichnet worden sei[36]. Hier hat Luther auch nach

---

Nachweis bei HOFIUS, Der Mensch im Schatten Adams (siehe Anm. 32), S. 151 f. und LICHTENBERGER, Das Ich Adams (siehe Anm. 33), S. 150–160.

[35] ED PARISH SANDERS, Paul and Palestinian Judaism. A Comparison of Patterns of Religion, London 1977 (deutsch: Paulus und das palästinische Judentum. Ein Vergleich zweier Religionsstrukturen [STUNT 17], Göttingen 1985).

[36] SANDERS, Paulus und das palästinische Judentum, S. 27–54 (Überschrift: „Die rabbinische Religion als Religion gesetzlicher Werkgerechtigkeit: ein hartnäckiges Vorurteil"). CHRISTIAN STRECKER, Paulus aus einer „neuen Perspektive" (siehe Anm. 8), S. 6 sieht „das bleibende Verdienst" von Sanders' Monographie mit

meinem Urteil insofern eine unglückliche Rolle gespielt, als er nicht hinreichend zwischen dem *Judentum*, den insbesondere im Galaterbrief bekämpften *„Judaisten"* und den Vertretern einer Werkgerechtigkeit, wie sie ihm in der Frömmigkeit und in der scholastischen Theologie der *mittelalterlichen Kirche* begegnete, unterschied, sondern die drei Größen faktisch – bedingt durch eine nicht hinreichend reflektierte Horizontverschmelzung – in eins setzte[37]. Dieser hermeneutisch-exegetische Kurzschluss hatte die fatale Konsequenz, dass der das Heil in der Tora suchende Jude in der Interpretation lutherisch geprägter Paulusexegese nur allzu leicht zum *Inbegriff* des Gott verfehlenden *„homo religiosus"* wird, der sich für fromm hält, dem es aber in Wahrheit – gerade auch in seinem religiösen Existenzvollzug – um sich selbst geht: Der Jude wird damit zum *Inbegriff* des gottlosen Menschen als des *„homo incurvatus in se ipsum"*[38].

Recht darin, „die allseits verbreitete grobe Karikatur vom angeblich ‚werkgerechten Judentum' nachhaltig destruiert zu haben".

[37]   Vgl. STUHLMACHER, Zum Thema Rechtfertigung (siehe Anm. 9), S. 39: Luther „hat die jüdischen und judenchristlichen Kontrahenten des Paulus ineins gesehen mit den katholischen Theologen seiner Zeit, während er selbst und seine Anhänger in der Rolle des Paulus und seiner Schüler erschienen. Diese Überblendung von historischen und aktuellen dogmatischen Perspektiven hat sich in der deutschen Paulusauslegung bis in die Gegenwart erhalten."

[38]   So insbesondere bei ERNST KÄSEMANN, An die Römer (HNT 8a), Tübingen ⁴1980, S. 83 (Der Jude erscheine bei Paulus als der „typische Repräsentant menschlicher Leistungsfrömmigkeit"). S. 84 (Die Juden als „die Frommen" haben sich des Gesetzes „bemächtigt und es zum Grund wie ihrer Leistungen, so ihres Selbstruhms gemacht"). S. 95–99 (Die paulinische Rechtfertigungslehre mit ihrer Spitze: der „iustificatio impiorum" greife den Juden als „den homo religiosus" an [S. 96]; in dem paulinischen „Widerspruch gegen die Gesetzeswerke" äußere sich „auch der Widerspruch zu dem mit solchen Werken notwendig intendierten Selbstruhm des frommen Menschen"; „die Gesetzeswerke" seien für Paulus „potenzierte Gottlosigkeit und deshalb mit dem Glauben unvereinbar" [S. 97]). Vgl. RUDOLF BULTMANN, Theologie des Neuen Testaments (durchgesehen und ergänzt von OTTO MERK) (UTB 630), Tübingen ⁹1984, S. 240 f.: „Vor allem aber gehört zum Verhalten κατὰ σάρκα auch *die eifrige Erfüllung des Gesetzes*, sofern der Mensch dadurch aus eigener Kraft die Gerechtigkeit vor Gott zu erringen meint."

Hier besteht in der Tat ein *fundamentaler Unterschied* zwischen Paulus auf der einen Seite und lutherisch geprägten Paulusinterpreten wie etwa Rudolf Bultmann und Ernst Käsemann auf der anderen Seite: Während sich das Sündersein des Menschen der von Luther inspirierten Paulusexegese zufolge gerade darin zeigt, dass er durch „Gesetzeswerke" gerecht werden *will*[39], tritt das Sündersein nach Paulus darin in Erscheinung, dass der Mensch durch „Gesetzeswerke" *nicht* gerecht werden *kann*, eben weil er sie prinzipiell nicht in der vom Gesetz geforderten Totalität und Vollkommenheit zu tun vermag. Das Problem liegt nicht im *Wollen*, sondern im *Nicht-Können*, nicht im *Subjektiven*, d.h. in der falschen Intention, sondern im *Objektiven*. Würde der Mensch das vom Gesetz Gebotene vollkommen erfüllen, dann wäre er in der Tat als ein „Täter des Gesetzes" (Röm 2,13) „durch Gesetzeswerke" gerecht[40]. Dazu aber ist er nicht bloß

---

[39]   Exemplarisch zitiert sei RUDOLF BULTMANN, Römer 7 und die Anthropologie des Paulus (1932), in: DERS., Exegetica (siehe Anm. 34), S. 198–209, hier: S. 200: „Nicht erst die bösen Werke, die Übertretungen des Gesetzes, sind es, die den Juden vor Gott verwerflich machen, sondern schon die Absicht, durch Gesetzeserfüllung vor Gott gerecht zu werden, ist die Sünde, die an den Übertretungen nur zu Tage kommt." DERS., Theologie des Neuen Testaments (siehe Anm. 38), S. 264 f.: „Das Bemühen des Menschen, durch Erfüllung des Gesetzes sein Heil zu gewinnen", ist „im Grunde selber schon die Sünde" (Hervorhebungen aufgehoben).

[40]   Zu Recht betont von ULRICH WILCKENS, Was heißt bei Paulus: „Aus Werken des Gesetzes wird kein Mensch gerecht"? (1969), in: DERS., Rechtfertigung als Freiheit. Paulusstudien, Neukirchen-Vluyn 1974, S. 77–109, hier: S. 81–84. Zutreffend interpretiert WOLTER, Paulus (siehe Anm. 14), S. 353 Anm. 32: „Die Unmöglichkeit der Rechtfertigung liegt nicht im *Tun* der ‚Werke des Gesetzes' begründet, sondern in ihrem Nicht-Tun." Das ist mit Nachdruck gegenüber GÜNTER KLEINs Paulusverständnis zu betonen, wie es sich in seinem Artikel über „Gesetz" in der TRE (Band 13, S. 58–75, hier: S. 64–72) in äußerster Präzision und Zuspitzung greifen lässt: Der Kardinalsatz der paulinischen Rechtfertigungslehre (Gal 2,16; Röm 3,20) besage, „daß Gesetzeswerke, unabhängig von der Frage nach ihrer Verwirklichung, grundsätzlich keine Rechtfertigung hergeben" (S. 71,12 f.). „Toragemäße Intaktheit" signalisiere „mitnichten die Überwindung der Krise vor Gott, sondern deren äußerste Zuspitzung" (S. 69,23 f.).

„faktisch" unfähig[41], sondern *prinzipiell*, weil er bereits von Adam her kommt bzw. im Schatten Adams steht und somit der ihn versklavenden Macht der Sünde immer schon ausweglos verfallen ist (Röm 5,12 ff.)[42]. Den „Täter des Gesetzes" kann es also *post lapsum* prinzipiell nicht geben.

Dem benannten Unterschied zwischen der lutherischen Paulusinterpretation und Paulus selbst entspricht eine problematische Weichenstellung in der Interpretation der paulinischen *Sündenlehre*: In der Bultmann-Schule gilt das καυχᾶσθαι als der Inbegriff der Sünde[43]. Für Paulus liegt das Problem aber auch hier nicht im *Subjektiven*, d.h. in einem verkehrten, weil

---

[41] So WILCKENS, aaO (siehe Anm. 40): „Auf Grund von Gesetzeswerken, die nach [Röm] 2,13 allein für die Rechtfertigung vor Gottes endzeitlichem Gerichtsforum qualifizieren, wird … *faktisch* kein Fleisch gerechtfertigt werden (3,20a)" (S. 81). Die paulinische These sei, „daß am Maßstab des Gesetzes, das Werke der Gerechtigkeit fordert, *faktisch* kein Mensch besteht" (S. 84).

[42] Zur Interpretation von Röm 5,12–21 siehe die gründliche Exegese von OTFRIED HOFIUS, Die Adam-Christus-Antithese und das Gesetz. Erwägungen zu Röm 5,12–21, in: DERS., Paulusstudien II (siehe Anm. 32), S. 62–103.

[43] Siehe exemplarisch BULTMANN, Theologie des Neuen Testaments (siehe Anm. 38): „Ihren höchsten Ausdruck findet die sündig-eigenmächtige Haltung im καυχᾶσθαι des Menschen." (S. 242) Die Sünde ist „das eigenmächtige Streben des Menschen …, im Vergessen des geschöpflichen Seins sein Sein selber zu begründen, aus eigener Kraft sein Heil zu beschaffen …, jenes Streben, das im καυχᾶσθαι und πεποιθέναι ἐν σαρκί seinen extremen Ausdruck findet" (S. 265). DERS., Art. καυχάομαι κτλ., ThWNT III, 1938, S. 646–654: Für Paulus „ist die Grundhaltung des Juden am καυχᾶσθαι deutlich geworden als jenes Selbstvertrauen, das vor Gott ‚Ruhm' haben möchte, das auf sich selbst stehen will" (S. 649,1–3). DERS., Art. πιστεύω κτλ. D: ThWNT VI, 1959, S. 203–230: „Der Weg der ἔργα νόμου ist deshalb der falsche Heilsweg, weil auf ihm der Mensch sein καύχημα, seinen Anspruch vor Gott, begründen will. Indem durch die Vernichtung menschlichen Rühmens sowohl die jüdische Werkgerechtigkeit wie die heidnische Weisheit in gleicher Weise getroffen werden, wird deutlich, daß Paulus in der Ablehnung der ἔργα eine bestimmte – und zwar die charakteristische – menschliche Haltung ablehnt, die Haltung der Selbstsicherheit des Menschen vor Gott, bzw das Bemühen um sie." (S. 221,38–222,5) – Siehe ferner KLEIN, Art. Gesetz (siehe Anm. 40), S. 68,51–69,42.

auf sich selbst bezogenen Existenzvollzug, sondern im *Objektiven*: Es gibt nichts, dessen sich der Mensch vor Gott – coram Deo! – rühmen könnte.

Ed Parish Sanders' Rekonstruktion des Judentums des zweiten Tempels (zwischen 200 v. Chr. und 200 n. Chr.), das er in all seinen unterschiedlichen Formen durch eine einheitliche Grundstruktur, den sog. „Bundesnomismus" („covenantal nomism"), geprägt sieht[44], unterscheidet im Blick

---

[44] Die gemeinsame Grundstruktur erblickt Sanders in der „Vorstellung, daß der Platz eines jeden Menschen im Plane Gottes durch den Bund begründet wird und daß der Bund als geziemende Antwort des Menschen dessen Befolgung der Gebote verlangt, während er bei Übertretungen Sühnmittel bereitstellt" (SANDERS, Paulus und das palästinische Judentum [siehe Anm. 35], S. 70). An späterer Stelle (aaO, S. 400) entfaltet Sanders die genaue Struktur (das „Pattern") des „Bundesnomismus" wie folgt: „1) Gott hat Israel erwählt und 2) das Gesetz gegeben. Das Gesetz beinhaltet zweierlei: 3) Gottes Verheißung, an der Erwählung festzuhalten, und 4) die Forderung, gehorsam zu sein. 5) Gott belohnt Gehorsam und bestraft Übertretungen. 6) Das Gesetz sieht Sühnmittel vor, und die Sühnung führt 7) zur Aufrechterhaltung bzw. Wiederherstellung des Bundesverhältnisses. 8) All jene, die durch Gehorsam, Sühnung und Gottes Barmherzigkeit innerhalb des Bundes gehalten werden, gehören zur Gruppe derer, die gerettet werden. Eine wichtige Interpretation des ersten und letzten Punktes besteht darin, daß Erwählung und letztliche Rettung nicht als menschliches Werk, sondern als Taten der Barmherzigkeit Gottes verstanden werden." Im englischen Original (Paul and Palestinian Judaism, S. 422) lautet der letzte Satz signifikant anders: „An important interpretation of the first and the last points is that election and ultimately salvation are considered to be by God's mercy *rather* than human achievement" (Hervorhebung von mir). – Das *methodische* und *hermeneutische Problem* des Rekonstruktions- und Systematisierungsversuchs von Sanders liegt darin, dass mit dem Leitbegriff des „Bundesnomismus" die faktische Pluralität, ja Divergenz innerhalb der verschiedenen religiösen Gruppen und Strömungen des antiken Judentums marginalisiert wird. Siehe dazu die Kritik von FRIEDRICH AVEMARIE, Tora und Leben. Untersuchungen zur Heilsbedeutung der Tora in der frühen rabbinischen Literatur (TSAJ 55), Tübingen 1996, S. 34–44; HANS-MARTIN RIEGER, Eine Religion der Gnade. Zur „Bundesnomismus"-Theorie von E.P. Sanders, in: FRIEDRICH AVEMARIE / HERMANN LICHTENBERGER (HG.), Bund und Tora. Zur theologischen Begriffsgeschichte in alttestamentlicher, frühjüdischer und urchristlicher Tradition (WUNT 92), Tübingen 1996, S. 129–161, hier: S. 140 ff.; MARTIN HENGEL / ROLAND DEINES, E.P. Sanders' Common Judaism, Jesus und die

auf dessen Heilsverständnis zwei konstitutive Momente voneinander: das *„Getting in"* als das *Hineinkommen* in die Religion des Judentums bzw. in den Raum des Heils und das *„Staying in"* als das *Bleiben* in der Religion des Judentums bzw. im Raum des Heils[45]. Während das „Getting in" sich ausschließlich der göttlichen Erwählung verdanke, vollziehe sich das „Staying in" durch den menschlichen Gehorsam gegenüber dem göttlichen Gesetz. Auch beim „Staying in" sei dabei Gottes Gnade konstitutiv, freilich nicht allein, da dem menschlichen Gehorsam Heilsrelevanz zukomme. Die von Sanders rekonstruierte soteriologische Konzeption des antiken Judentums lässt sich – anachronistisch formuliert – als „Semipelagianismus" bezeichnen. Es gibt zwar ein Übergewicht der Gnade gegenüber dem Handeln des Menschen[46], aber zugleich durchaus auch verdienstliche Werke. Ein nicht unerhebliches Problem liegt nun darin, dass Sanders seine Sicht des Judentums an dieser Stelle unbesehen auf die paulinische Theologie überträgt[47], um dann zu behaupten, dass auch das ethische Verhalten des Christen eine wesentliche Bedingung für das Bleiben in der Gnade – „condition of remaining ,in'" – sei[48].

Pharisäer, in: MARTIN HENGEL, Judaica et Hellenistica. Kleine Schriften I (WUNT 90), Tübingen 1996, S. 392–479, bes.: S. 476 ff. Treffend bemerkt JÖRG FREY, Das Judentum des Paulus (siehe Anm. 9), S. 59: „Methodisch führt die Abstraktion auf Grundstrukturen zu einer Einebnung der je spezifischen Differenzen, zu einem vermeintlich einheitlichen Judentum hinter den Texten, das mit der historischen Wirklichkeit nicht mehr übereinstimmt."

[45] SANDERS, Paul and Palestinian Judaism (siehe Anm. 35), S. 17.

[46] Vgl. den oben bereits zitierten zusammenfassenden Satz von SANDERS, Paul and Palestinian Judaism, S. 422: „Election and ultimately salvation are considered to be by God's mercy rather than human achievement".

[47] Grundsätzlich lehnt Sanders dagegen, wie ausdrücklich betont sei, eine Interpretation der paulinischen Theologie im Sinne eines neuen, christlichen „Bundesnomismus" ab: „It is inadequate to depict Paul's religion as a new covenantal nomism" (SANDERS, Paul and Palestinian Judaism, S. 514). Siehe die Ausführungen aaO, S. 511–515.

[48] SANDERS, Paul and Palestinian Judaism: „In Paul, as in Jewish literature, good deeds are the *condition* of remaining ,in', but they do not *earn* salvation" (S. 517). „On both these points – punishment for transgression and reward for obedience as required by God's justice, but *not* as constituting soteriology, and correct behaviour

Was das nähere Verständnis der paulinischen Soteriologie in der Sicht von Sanders anlangt, so urteilt er, dass für Paulus nicht der Gedanke der „Rechtfertigung" entscheidend sei, sondern der Gedanke der *„Teilhabe"* bzw. der *„Partizipation"* an Christus[49]. Hier knüpft Sanders ausdrücklich an die Paulusinterpretation von Albert Schweitzer an, wie dieser sie in seinem Buch „Die Mystik des Apostels Paulus" dargelegt hat[50]. Wie bei Schweitzer, so wird die paulinische Rechtfertigungslehre auch bei Sanders durch die Überordnung des Gedankens der Partizipation über den der Rechtfertigung zu einem *Nebenthema* bzw. *Nebengedanken*. Positiv kann gewürdigt werden, dass Sanders' Sicht zu einer geschärften Wahrnehmung der partizipatorischen Motive innerhalb der paulinischen Soteriologie nötigt und vor einer juridischen Engführung der Rechtfertigungslehre bewahren kann, wie sie in der Tat bei Bultmann, nicht aber bei Luther vorliegt[51]. Kritisch ist freilich das zu bemerken, was ungleich

---

as the condition of remaining ‚in' – Paul is in perfect agreement with what we found in Jewish literature" (S. 518). – Vgl. ED PARISH SANDERS, Paul, the Law, and the Jewish People, Philadelphia 1983, S. 93–122.

[49] SANDERS, Paul and Palestinian Judaism: „The catch-word ‚righteousness by faith' must be given up as the clue to Paul's thought" (S. 438). „There should ... be no doubt as to where the heart of Paul's theology lies. He is not primarily concerned with the juristic categories, although he works with them. The real bite of his theology lies in the participatory categories" (S. 502). Ebenso DERS., Paulus (siehe Anm. 2), grundsätzlich S. 98–101 (Überschrift: „Die Schlüsselterminologie"), zusammenfassend S. 106: „Wieder sehen wir ..., daß Paulus wohl forensische oder rechtliche Vorstellungen kennt und verwendet (Sünde ist ein Vergehen; Gott spricht den frei, der an Christus glaubt; Christi Tod wäscht von Schuld rein), aber den Kern seines Denkens eine andere Gruppe von Vorstellungen bilden: die Teilhabe an Christus, der Zustandswechsel vom Sein unter der Sünde zum Leben im Geist."

[50] SANDERS, Paul and Palestinian Judaism, S. 434–442; DERS., Paulus (siehe Anm. 2), S. 171.

[51] Bei LUTHER kann zwischen „participatio" und „iustificatio" überhaupt nicht getrennt werden, ja, beides ist im Grunde ein und dasselbe: Die „iustificatio" ist *als solche* „participatio", und *in* der „iustificatio" und *durch* die „iustificatio" ereignet sich die „participatio". Siehe nur Luthers Auslegung von Gal 2,16 in seiner Großen

gewichtiger ist: Der *unauflösliche* und *unumkehrbare Begründungs-*
zusammenhang von Rechtfertigung und Partizipation ist bei Sanders nicht
erfasst. Denn bei Paulus ist der übergeordnete Aspekt nicht der der
Partizipation, der dann gegebenenfalls – nämlich im Blick auf die Heidenchristen und zur theologischen Legitimation der Heidenmission –
rechtfertigungstheologisch expliziert bzw. akzentuiert werden kann. Vielmehr ist umgekehrt der Gedanke der Rechtfertigung dem Gedanken der
Partizipation übergeordnet – und zwar insofern, als die Rede vom „Sein in
Christus" der Rechtfertigungslehre bedarf, um angemessen verstanden
werden zu können.

Dazu zwei knappe Hinweise: 1. Die in 2. Kor 5,17 erscheinende
partizipatorische Rede vom Christen als der „neuen Schöpfung" (καινὴ
κτίσις), die er „in Christus" ist, ist *rechtfertigungstheologisch* begründet:
nämlich in der *Heilstat* von Kreuz und Auferstehung Jesu Christi einerseits

---

Galatervorlesung von 1531 (WA 40/1, 228,27–229,35) mit dem Spitzensatz über den
rechtfertigenden Glauben, der selber die Christusgemeinschaft ist, eben weil
Christus durch den Glauben in dem an ihn glaubenden Menschen wohnt und so in
ihm gegenwärtig ist: „in ipsa fide Christus adest" (WA 40/1, 229,15). Gegen
Sanders' Luther-Interpretation, wie sie sich in seinem „Paulus"-Buch
(siehe Anm. 2), S. 63–65 findet, ist mit Nachdruck zu betonen, dass der Reformator
die „Anrechnung" (imputatio) der Gerechtigkeit Christi keinesfalls *fiktiv*, sondern
im Gegenteil *real* versteht. Denn wie für Paulus (siehe nur Röm 4,5.17.24), so ist
auch für Luther das Wort des Evangeliums, durch das Gott den Gottlosen gerecht
macht, als *verbum efficax* nicht weniger wirkmächtig als das Schöpferwort, durch
das Gott das, was nicht ist, ruft, dass es sei, und als das neuschaffende Wort, durch
das Gott die Toten – auf Grund der Auferstehung Jesu Christi – ins ewige Leben
rufen wird. Im Blick auf das Verständnis des Wortes Gottes besteht eine genaue
Korrespondenz zwischen *Rechtfertigung* (Soteriologie), *Schöpfung* (Protologie) und
Neuschöpfung (Eschatologie). Luthers Rechtfertigungslehre ist deshalb *effektiv* zu
verstehen. Dies aber bedeutet gerade *keinen* Gegensatz zu einem *forensischen*
Verständnis. Denn der Zuspruch des Evangeliums, der die Vergebung der Sünde
durch die Zurechnung der Gerechtigkeit Christi bewirkt, ist die Weise, wie Gott im
Menschen den Glauben wirkt und diesen so in seinem *Sein* – nämlich in seinem
Sein vor Gott (coram Deo) – *verändert*. Das Forensische und das Effektive gehören
bei Luther untrennbar zusammen, so dass eine bloß forensisch gedachte
Rechtfertigung für ihn überhaupt keine Rechtfertigung wäre! Vgl. HÄRLE, Paulus
und Luther (siehe Anm. 7), S. 384.

(2. Kor 5,15.18b.19a.21) und in dem *Heilswort* als dem Glauben wirkenden und das Heil zueignenden Evangelium andererseits (2. Kor 5,18c.19b.20). 2. Auch nach Röm 3,24–26 ereignet sich die Partizipation an Christus durch die Rechtfertigung, die im erlösenden Kreuzestod Jesu Christi beschlossen liegt und im Glauben zugeeignet wird.

Das Grundproblem bei Sanders besteht in der *Verabsolutierung* des Motivs der Partizipation bzw. in der *Loslösung* des Partizipationsgedankens von dem ihm sachlich übergeordneten und ihn tragenden Rechtfertigungsgedanken. Die hermeneutische bzw. sachlich-theologische Aufgabe liegt demgemäß gerade darin, die juridische und die partizipatorische Dimension der paulinischen Rechtfertigungslehre angemessen aufeinander zu beziehen und dabei deutlich zu machen, dass die Rechtfertigung durch Gottes Heilshandeln im Christusgeschehen für die Teilhabe der Glaubenden an Christus ebenso *grundlegend* wie *konstitutiv* ist[52].

3   Die dritte Grundthese

Die Forderung der Notwendigkeit einer Neubestimmung des paulinischen Gesetzesverständnisses auf der Grundlage einer Neuinterpretation der paulinischen Rede von den „Gesetzeswerken" (ἔργα νόμου)

Hier ist das Augenmerk vor allem auf die Arbeiten von James D.G. Dunn zu richten, dem gegenwärtig wohl wirkungsvollsten Vertreter der „New Perspective on Paul". Er schließt sich ausdrücklich an die von Sanders vertretene Sicht des antiken Judentums als einer „Gnadenreligion" an, die durch einen „Bundesnomismus" („covenantal nomism")

---

[52]   *Positiv* sei hervorgehoben, dass Sanders bei seiner Paulusinterpretation – im Unterschied zu anderen Vertretern der „New Perspective" – wahrnimmt, dass der Apostel eine *exklusiv an Christus gebundene Soteriologie* vertritt: *„Since* salvation is only in Christ, *therefore* all other ways toward salvation are wrong" (SANDERS, Paul and Palestinian Judaism [siehe Anm. 35], S. 482). „The point is that *any true religious goal*, in Paul's view, can come only through Christ" (S. 505). Siehe auch DERS., Paulus (siehe Anm. 2), S. 83 f.

bestimmt sei. Die „New Perspective on Paul" sei geradezu aus einer „New Perspective on Second Temple Judaism" erwachsen[53]. Auf *dieses* Judentum habe Paulus reagiert (und nicht auf eines, das durch „Werkgerechtigkeit" gekennzeichnet sei); entsprechend *anders* sei die paulinische Antwort in Gestalt seiner Rechtfertigungslehre zu interpretieren. Das Judentum und das von Paulus vertretene Christentum dürften nicht als Gegensatz verstanden werden[54]; der Bruch zwischen Judentum und Christentum in Form des „Parting of the ways" habe sich erst nach Paulus ereignet.

Wie aber ist die Position des Apostels innerhalb des Judentums zu verstehen? Worauf reagiert bzw. antwortet Paulus mit seiner Rechtfertigungslehre, wenn das jüdische Gegenüber nicht durch „Werkgerechtigkeit" gekennzeichnet ist? Entscheidende Bedeutung kommt hier für Dunn der Frage nach der *Funktion des Gesetzes* zu. Das Gesetz hat – so Dunn – für Israel vor allem eine gewichtige *soziale Funktion* und zwar in zwei aufs engste zusammengehörenden Hinsichten: (a) *nach innen* schützt es die Zugehörigkeit des erwählten Volkes zu dem heiligen Gott in Gestalt von „*identity markers*"; (b) *nach außen* macht es die Abgrenzung zu den nicht zu Gottes Bund gehörenden Völkern kenntlich in Gestalt der „*boundary markers*", d.h. konkret: in Gestalt der Beschneidungsforderung, des Sabbatgebots und der Reinheits- und Speisevorschriften[55]. Das Gesetz hat mithin die soziale Funktion, die Grenze zwischen Israel und den Heiden zu markieren. Das Ziel, das Paulus mit seiner Rechtfertigungslehre verfolgt, sei es nun, die durch das Gesetz errichtete Schranke zwischen Juden und Nichtjuden aufzuheben. Wenn Paulus in seiner Rechtfertigungslehre bestreitet, dass die Gerechtigkeit durch „Werke des Gesetzes" (ἔργα νόμου) erlangt werden könne, dann meine er mit diesen „Werken"

---

[53] JAMES D. G. DUNN, The New Perspective: whence, what and whither?, in: DERS., Collected Essays (siehe Anm. 1), S. 1–88, hier: S. 7 Anm. 28.

[54] DUNN, Whence, what and whither?, S. 20; DERS., The Justice of God (siehe Anm. 21), S. 191 f.

[55] DUNN, Whence, what and whither?, S. 8. Vgl. DERS., Works of the Law and the curse of the Law (Galatians 3,10–14) (1985), in: DERS., Collected Essays (siehe Anm. 1), S. 111–130, hier: S. 112–115.

dezidiert die „boundary markers", durch die manche Judenchristen – man denke an den antiochenischen Konflikt (Gal 2,11 ff.) – eine Abgrenzung gegenüber den Heidenchristen markieren wollten[56]. Die paulinische Kritik am Judentum seiner Zeit richte sich also nicht darauf, dass dieses auf Grund von „Werken des Gesetzes" vor Gott gerecht werden wolle, sondern darauf, dass es sich rühme, durch die „Werke des Gesetzes" einen *privilegierten Status vor Gott* zu haben[57]. Die Rechtfertigungslehre habe Paulus in der Auseinandersetzung mit judenchristlichen Kreisen entwickelt, die die Heidenchristen von der Heilsgemeinschaft ausschließen wollten, solange diese nicht *bestimmte* „Werke", eben die *„boundary markers"*, beachteten.

Die Tora selbst habe – so Dunn weiter – auch für die an Christus Glaubenden *bleibende* Bedeutung, wie gerade die paulinischen Paränesen zeigten. Der Christusglaube führe mithin nicht zur Aufhebung der Tora als Heilsweg, sondern zu ihrer *Verwirklichung*. Der heilvolle Bund Gottes mit seinem Volk Israel werde durch das Christusgeschehen auf die Glaubenden aus den Heiden ausgeweitet, indem diese in den – mit der Abrahamsverheißung bereits universal ausgerichteten – Bund Gottes *integriert* werden[58]. Weil Dunn den Ausdruck ἔργα νόμου in *eingeschränktem* Sinn

---

[56] Dunn, The New Perspective on Paul (siehe Anm. 1), S. 98 („By ,works of law' Paul intended his readers to think of *particular observances of the law like circumcision and the food laws*"); Ders., Works of the Law (siehe Anm. 55), S. 115–122. 129 f.; Ders., Romans 1–8 (WBC 38A), Dallas, Texas 1988, S. 153 f. (zu Röm 3,20). S. 187 f. (zu Röm 3,28). Ebenso z. B.: Nicholas Thomas Wright, The Climax of the Covenant. Christ and the Law in Pauline Theology, Edinburgh 1991, S. 240; Klaus Haacker, Der Brief an die Römer (ThHK 6), Leipzig 1999, S. 83 f.

[57] Dunn, The New Perspective on Paul (siehe Anm. 1), S. 101. 110. Vgl. Maschmeier, Rechtfertigung (siehe Anm. 8), S. 34: „Nach Dunn wendet sich Paulus nicht gegen … den Bundesnomismus, sondern gegen eine ethnozentrische Engführung des Bundes."

[58] Dunn, The New Perspective on Paul (siehe Anm. 1), S. 104: Abrahams Glaube sei „the more fundamental identity marker", dem der Vorrang gegenüber den zu engen „nationalistic identity markers" von Beschneidung, Speisegesetzen und Sabbat zukomme.

versteht und mit den „boundary markers" identifiziert, kann er – durchaus konsequent! – behaupten, dass die Tora in anderen Teilen als den „boundary markers" für die an Christus Glaubenden relevant – und zwar *heilsrelevant* – sei, weshalb das Verständnis der Rechtfertigung im Sinne des exklusiven *sola fide Jesu Christi* ein unzureichendes Verständnis des paulinischen Evangeliums darstelle[59]. Hier gerät Dunn freilich in einen fundamentalen Widerspruch zu Paulus und seiner Rechtfertigungslehre. Denn das gesetzeskonforme Verhalten des Christen bekommt bei Dunn faktisch eine *soteriologische* Funktion – und zwar insofern, als es (wie schon bei Sanders[60]) das „Staying in", das Bleiben in der Heils- und Christusgemeinschaft, garantiert. Das aber bedeutet eine *Konditionierung der Rechtfertigung durch die Heiligung* bzw. eine *doppelte Rechtfertigung*[61]. Damit bekommen bei Dunn Fragen der Ethik eine soteriologische Relevanz; das Handeln des an Christus Glaubenden wird für das Heil konstitutiv und ist nicht länger „*Frucht* des Geistes" (Gal 5,22 f.) und damit *Implikat* und *Konsequenz* der Rechtfertigung. Das aber steht nicht nur in einem vollendeten Widerspruch zu Luthers Verhältnisbestimmung von Glaube und Liebe[62],

---

[59]   Ähnlich SANDERS, Paulus (siehe Anm. 2), S. 119: Paulus „verwarf ... die Aspekte des Gesetzes, die seiner Mission entgegenstanden, die Juden und Heidenchristen im Gottesvolk trennten. Waren erst einmal Beschneidung, Ernährung und die Tage vom ‚Gebot Gottes' ausgenommen ..., konnte Paulus, ohne sich selbst zu widersprechen, sagen, daß seine Anhänger ‚das ganze Gesetz' befolgen sollten: Sie sollten es annehmen, nachdem er es neu definiert hatte."

[60]   Siehe oben Anm. 48.

[61]   Vgl. HÜBNER, „Werke des Gesetzes" (siehe Anm. 6), S. 169 f., der in Kritik an Dunns Paulusinterpretation mit Recht hervorhebt, dass bei Paulus „die Rechtfertigung, also die Gerechtsprechung, eben weil sie relevant im Blick auf das endgültige Gericht ist, antizipatorischen Charakter hat. Wer als Glaubender *jetzt* gerechtfertigt ist, ist dies kraft Gottes freisprechendem Richterspruch am *Jüngsten Tage*. Insofern ist die jetzt zugesprochene Gerechtigkeit eschatologisch qualifiziert."

[62]   Für LUTHER besteht ein *unlöslicher* und *unumkehrbarer* Zusammenhang zwischen Glaube und Liebe bzw. zwischen Glaube und „guten Werken". Dabei ist das Entscheidende, wie WILFRIED HÄRLE, Paulus und Luther (siehe Anm. 7), S. 386 treffend bemerkt, dass Luther „Glauben und gute Werke nicht im Sinne einer *Sollens*forderung miteinander verbindet, sondern darin ... einen *Seins*zusammenhang sieht. Glaube *kann* gar nicht ohne gute Werke sein. Ein guter

sondern auch zu der des Paulus, auf die sich Luther an dieser für seine Theologie zentralen Stelle zu Recht beruft. Denn – um nur dies zu erwähnen – nach Gal 5,6 (πίστις δι᾽ ἀγάπης ἐνεργουμένη) hat die rettende πίστις als der Glaube an Jesus Christus die ἀγάπη als „Frucht des [Heiligen] Geistes" (Gal 5,22) *eo ipso* bei sich. Die Liebe ist also nicht etwas Zweites, das zum Glauben hinzukommt bzw. diesen allererst wahrhaft wirklich werden lässt[63]. Vielmehr gehört die Liebe – ebenso wie die Hoffnung (Gal 5,5) – zum *Wesen* des Glaubens, so dass es für Paulus prin-

---

Baum ... *soll* nicht gute Früchte bringen, sondern er *bringt* sie mit innerer Notwendigkeit hervor." Exemplarisch zitiert seien die Thesen 34 bis 36 der ersten – 1535 gehaltenen – Disputation Luthers über Römer 3,28 („De fide"): »34. Fatemur opera bona fidem sequi debere, imo non debere, Sed sponte sequi, Sicut arbor bona non debet bonos fructos facere, Sed sponte facit. 35. Et sicut boni fructus non faciunt arborem bonam, Ita bona opera non iustificant personam. 36. Sed bona opera fiunt a persona iam ante iustificata per fidem. Sicut fructus boni fiunt ab arbore iam ante bona per naturam.« (MARTIN LUTHER, Lateinisch-deutsche Studienausgabe. Band 2: Christusglaube und Rechtfertigung [hg. von JOHANNES SCHILLING], Leipzig 2006, 406,12–18 = WA 39/1, 46,28–34). Zum Zusammenhang von Glaube und Liebe bei Luther siehe ausführlich: GERHARD EBELING, Einfalt des Glaubens und Vielfalt der Liebe. Das Herz von Luthers Theologie, in: DERS., Lutherstudien. Band III (siehe Anm. 26), S. 126–153; WILFRIED HÄRLE, Glaube und Liebe bei Martin Luther, in: DERS., Menschsein in Beziehungen. Studien zur Rechtfertigungslehre und Anthropologie, Tübingen 2005, S. 145–168.

[63] So die von LUTHER zurückgewiesene scholastische Lehre von der „Fides caritate formata", die *exegetisch* auf einem falschen Verständnis von Gal 5,6 und *systematisch-theologisch* auf der zu unkritisch erfolgten Rezeption der aristotelischen Substanzontologie beruht. Siehe zu dieser Lehre und zu Luthers Kritik an ihr: HÄRLE, Glaube und Liebe (siehe Anm. 62), S. 146–157. Luthers Kritik, die er insbesondere in seinem Großen Galaterkommentar vorträgt, läuft auf die Spitzenaussage hinaus, dass die „Wesensform" (forma) des Glaubens nicht die dem Menschen von Gott eingegossene Liebe sei, sondern Christus selbst: „Sic nos dicimus Christum ... formam esse fidei." (WA 40/1, 229,27 f. [ebenso 228,30]) An die Stelle der thomasischen Formel der „Fides caritate formata" tritt bei Luther de facto die These: „Caritas fide formata" bzw. „Fides forma caritatis". In diesem Sinne interpretiert OTTO HERMANN PESCH, Hinführung zu Luther, Mainz ³2004, S. 179 ff. die These Luthers aus der 1537 gehaltenen Zirkulardisputation „De veste nuptiali": „Fides est ipsa forma et actus primus seu ἐντελέχεια charitatis. Charitas autem est opus et fructus fidei." (WA 39/1, 318,16 f.)

zipiell keinen Glauben ohne Liebe (und ohne Hoffnung) geben kann[64]. Die paulinischen Paraklesen sind dementsprechend nicht im Sinne eines „tertius usus legis" zu verstehen, sondern als *usus evangelii*[65].

Für Dunns Sicht des paulinischen Gesetzesverständnisses ist seine Interpretation des Syntagmas ἔργα νόμου elementar. Er versteht, wie bereits bemerkt wurde, ἔργα νόμου in *eingeschränktem* Sinn in der Bedeutung von „boundary markers"[66]. Dieses Verständnis steht aber auf

---

[64]   Vgl. GERHARD EBELING, Die Wahrheit des Evangeliums. Eine Lesehilfe zum Galaterbrief, Tübingen 1981, S. 333: Es ist dem Glauben „wesentlich, daß er gelebt wird und sich in das Leben hinein auswirkt. Das Wirksamsein durch die Liebe, das in [Gal] 5,6 vom Glauben ausgesagt ist, meint nicht eine zusätzliche Anforderung an den Glauben. Die Formel πίστις δι᾽ ἀγάπης ἐνεργουμένη ... ist eine explikative Wesensbeschreibung des Glaubens nach der Seite des Ethischen hin. Als solche definiert sie aber eben deshalb nicht das, was den Glauben zum rechtfertigenden Glauben macht."

[65]   Ebenso urteilt FRIEDRICH LANG, Gesetz und Bund bei Paulus, in: JOHANNES FRIEDRICH / WOLFGANG PÖHLMANN / PETER STUHLMACHER (Hg.), Rechtfertigung. Festschrift für Ernst Käsemann zum 70. Geburtstag, Tübingen 1976, S. 305–320, hier: S. 318: „Die paulinische Paränese, die den Imperativ auf das Heilsgeschehen gründet, mahnt nicht zur Erwerbung des Heils durch Gesetzeserfüllung, sondern zu einem Wandel gemäß dem Evangelium Christi (Phil 1,27), darum ist sie ihrem Wesen nach nicht Gebrauch des Gesetzes *(usus legis)*, sondern Konsequenz des Evangeliums." Siehe auch OTFRIED HOFIUS, Das Gesetz des Mose und das Gesetz Christi, in: DERS., Paulusstudien I (siehe Anm. 18), S. 50–74, hier: S. 71 f. sowie die grundsätzlichen Ausführungen von CHRISTOF LANDMESSER, Der paulinische Imperativ als christologisches Performativ. Eine begründete These zur Einheit von Glaube und Leben im Anschluß an Phil 1,27 – 2,18, in: CHRISTOF LANDMESSER / HANS-JOACHIM ECKSTEIN / HERMANN LICHTENBERGER (Hg.), Jesus Christus als die Mitte der Schrift. Studien zur Hermeneutik des Evangeliums. Festschrift für Otfried Hofius (BZNW 86), Berlin – New York 1997, S. 543–577.

[66]   Dunn hat seine Position auf Grund der erfahrenen Kritik inzwischen abgemildert: Der Ausdruck ἔργα νόμου könne *alle* vom Gesetz geforderten Werke bezeichnen, wobei freilich *einzelne* Werke – nämlich: Beschneidung, Speisevorschriften und Sabbatheiligung, also die „boundary markers"! – zum „Testfall" werden. So: JAMES D.G. DUNN, The Epistle to the Galatians (BNTC 9), London ²2002, S. 136 f.; DERS., Yet once more – ‚The Works of the Law'. A Response (1992), in: DERS., Collected

tönernen Füßen. Denn die von Paulus in seinen Briefen mehrfach absolut formulierte Alternative zwischen einer Rechtfertigung ἐξ ἔργων νόμου und einer Rechtfertigung ἐκ πίστεως Χριστοῦ (Gal 2,16; Röm 3,20.27 f.; 4,6) legt eine eingeschränkte Interpretation keineswegs nahe, steht ihr vielmehr ganz entschieden entgegen[67].

Insbesondere mit zwei Argumentationsstrategien versucht Dunn sein Verständnis der ἔργα νόμου zu untermauern[68]:

1. Die rechtfertigungstheologische Aussage von Gal 2,16 müsse *streng situativ* interpretiert werden[69]. Der Apostel kritisiere hier einzig die von

---

Essays (siehe Anm. 1), S. 207–220, hier: S. 207 f.; DERS., Whence, what and whither? (siehe Anm. 53), S. 25 f.

[67] Innerhalb des Ausdrucks πίστις Χριστοῦ ist der Genitiv ein *Genitivus obiectivus* („der Glaube an Christus"), nicht ein Genitivus subiectivus („der Glaube / die Treue Christi"). Das ergibt sich zwingend aus Gal 2,16, wo Paulus den zweimal erscheinenden Nominalausdruck πίστις Ἰησοῦ Χριστοῦ durch πιστεύειν εἰς Χριστὸν Ἰησοῦν aufnimmt und so eindeutig bestimmt. – Dunn sucht die von Paulus markierte Alternative zwischen einer Rechtfertigung ἐξ ἔργων νόμου und einer Rechtfertigung ἐκ πίστεως Χριστοῦ abzuschwächen, wenn er im Blick auf die Antithese von Gal 2,16 erklärt: „According to v.16a the common ground (between Peter and Paul) is that ,a man is not justified from works of law *except* through faith in Jesus Christ'. Notice how he expresses the last phrase – ,except through faith in Jesus Messiah'. According to the most obvious grammatical sense, in this clause faith in Christ is described as a *qualification* to justification by works of law, not (yet) as an antithetical alternative" (DUNN, The New Perspective on Paul [siehe Anm. 1], S. 102). Dazu ist kritisch anzumerken, dass ἐὰν μή in Gal 2,16a keineswegs die *exzeptive* Bedeutung „außer" bzw. „es sei denn" hat, sondern dass hier – wie z.B. auch in Joh 5,19 (siehe HANS-CHRISTIAN KAMMLER, Christologie und Eschatologie. Joh 5,17–30 als Schlüsseltext johanneischer Theologie [WUNT 126], Tübingen 2000, S. 21 mit Anm. 2) – vom Kontext her die Wiedergabe mit *adversativem* „sondern nur" zwingend gefordert ist. Vgl. HOFIUS, „Die Wahrheit des Evangeliums" (siehe Anm. 32), S. 27 Anm. 41; ECKSTEIN, Verheißung und Gesetz (siehe Anm. 31), S. 21; ROLAND BERGMEIER, Gerechtigkeit, Gesetz und Glaube bei Paulus. Der judenchristliche Heidenapostel im Streit um das Gesetz und seine Werke (BThSt 115), Neukirchen-Vluyn 2010, S. 21 f.

[68] Vgl. LANDMESSER, Umstrittener Paulus (siehe Anm. 7), S. 404 f.

judenchristlicher Seite erhobene Forderung der Einhaltung von Speisevorschriften, mit denen eine Grenze zwischen Juden und Heiden aufgestellt werde, die doch durch Christus längst überwunden sei. Die damit vorgenommene einschränkende Interpretation der ἔργα νόμου auf die „boundary markers" scheitert aber bereits am Kontext von Gal 2,16. In Gal 3,10 erklärt Paulus unter Zitation von Dtn 27,26, dass diejenigen, die ihr Heil auf „Gesetzeswerke" gründen, verpflichtet sind, *alles* zu erfüllen, was das Gesetz fordert (Ὅσοι γὰρ ἐξ ἔργων νόμου εἰσίν, ὑπὸ κατάραν εἰσίν· γέγραπται γὰρ ὅτι ἐπικατάρατος πᾶς ὃς οὐκ ἐμμένει πᾶσιν τοῖς γεγραμμένοις ἐν τῷ βιβλίῳ τοῦ νόμου τοῦ ποιῆσαι αὐτά). Dem entspricht die Feststellung von Gal 5,3, dass derjenige, der sein Heil im Raum des Gesetzes sucht, das *ganze* Gesetz zu tun schuldig ist (ὅτι ὀφειλέτης ἐστὶν ὅλον τὸν νόμον ποιῆσαι)[70]. Wie in Gal 2,16, so hat ἔργα νόμου auch in der Parallele Röm 3,20 ganz umfassenden Sinn, bezeichnet also dort den *vollkommenen* Toragehorsam[71]. Der rechtfertigungstheologische Fundamentalsatz bezieht sich an beiden Stellen in seiner Negation: „Keine Rechtfertigung ἐξ ἔργων νόμου!" auf *alle* Menschen (πᾶσα σάρξ) und also auf Heiden und Juden gleichermaßen.

2. Dunn sucht nach vergleichbaren Begrifflichkeiten in Texten des antiken Judentums. Diese Suche war freilich bisher nicht sonderlich ergiebig. Immerhin: In 4QMMT C 27[72] findet sich der Ausdruck *miqsat ma'ase hattorah* (= „einiges von den Werken des Gesetzes"[73] oder „einige

---

[69] Zu Dunns Verständnis von Gal 2,16 siehe ausführlich DUNN, The Epistle to the Galatians (siehe Anm. 66), S. 134–141.

[70] Zum Verständnis der ἔργα νόμου im Galaterbrief siehe OTFRIED HOFIUS, „Werke des Gesetzes". Untersuchungen zu der paulinischen Rede von den ἔργα νόμου, in: DERS., Exegetische Studien (WUNT 223), Tübingen 2008, S. 49–88, hier: S. 77–84.

[71] Zum Verständnis der ἔργα νόμου in Röm 3,20 siehe HOFIUS, „Werke des Gesetzes", S. 64–72.

[72] Zur Interpretation von 4QMMT C 27 siehe HOFIUS, „Werke des Gesetzes", S. 52–57.

[73] Vgl. FLORENTINA GARCIA MARTINEZ / EIBERT J.C. TIGCHELAAR, The Dead Sea Scrolls. Study Edition II: 4Q274–11Q31, Leiden u.a. bzw. Grand Rapids, Michigan/Cambridge, U.K., 2000, S. 803: „some of the works of the Torah".

der Werke des Gesetzes"[74]). Hier liegt zwar *formal* insofern eine Entsprechung vor, als der hebräische Ausdruck *ma'ase hattorah* dem griechischen Ausdruck ἔργα νόμου entspricht; *inhaltlich* ist der Ausdruck jedoch in Qumran und bei Paulus ganz unterschiedlich gefüllt. In 4QMMT C 27 heißt es einschränkend „*einiges* von den Werken des Gesetzes" bzw. „*einige* der Werke des Gesetzes", wohingegen bei Paulus eine solche sprachlich ausdrücklich markierte Einschränkung fehlt. Es will beachtet sein, dass das Syntagma „Werke des Gesetzes" in 4QMMT C 27 des Zusatzes „einiges" bzw. „einige" bedarf, damit die Einschränkung deutlich wird; der Ausdruck „Werke des Gesetzes" trägt diese Einschränkung somit noch nicht in sich. In 4QMMT C 27 bedeuten die „Werke des Gesetzes" ganz bestimmte „Tora-Praktiken"[75], meinen also das diesen Torageboten entsprechende Tun und Verhalten. Dieses eingeschränkte Verständnis passt zu dem Inhalt des halachischen Briefes 4QMMT, äußert sich der Verfasser hier doch zu einer Reihe „strittiger gesetzlicher und ritueller Praktiken"[76]. In den paulinischen Briefen dagegen wird eine solche Einschränkung an keiner einzigen Stelle kenntlich gemacht, vielmehr ist vom Kontext her gerade ein ganz umfassendes Verständnis im Sinne des vollkommenen Toragehorsams gefordert[77]. In diesem Zusammenhang

---

[74] Vgl. MICHAEL WISE / MARTIN ABEGG, JR. / EDWARD COOK, Die Schriftrollen von Qumran. Übersetzung und Kommentar. Mit bisher unveröffentlichten Texten (hg. von ALFRED LÄPPLE), Augsburg 1997, S. 379: „einige Werke des Gesetzes".

[75] Vgl. die Übersetzungen von JOHANN MAIER, Die Qumran-Essener: Die Texte vom Toten Meer. Band II: Die Texte der Höhle 4 (UTB 1863), München / Basel 1995, S. 375: „etliches von den Torah-Praktiken" und HARTMUT STEGEMANN, Die Essener, Qumran, Johannes der Täufer und Jesus. Ein Sachbuch (Herder Spektrum 4128), Freiburg u.a. ²1993, S. 149: „einige (der in) der Tora (verbindlich vorgeschriebenen) Praktiken".

[76] MAIER, Die Qumran-Essener II, S. 361.

[77] Zum präzisen Unterschied von *ma'ase hattorah* in 4QMMT C 27 und ἔργα νόμου bei Paulus siehe HOFIUS, „Werke des Gesetzes" (siehe Anm. 70), S. 84–88. Hier formuliert Hofius das Ergebnis der voraufgehenden detaillierten Analyse sämtlicher relevanter Paulustexte. Die Wiedergabe von ἔργα νόμου mit „das Tun des Gesetzes" bzw. „die Befolgung des Gesetzes" im Sinne *umfassender Toraobservanz* und als Parallele zu den Ausdrücken ποιητὴς νόμου Röm 2,13 und

muss an eine *hermeneutische Grundregel* erinnert werden: Begriffe – und so auch der strittige Ausdruck ἔργα νόμου – sind zunächst und zuerst *in* und *aus* ihrem *unmittelbaren literarischen Kontext* zu interpretieren. Aus ihm gewinnen sie ihre präzise Semantik. Die Eintragung einer vermuteten Bedeutung von ἔργα νόμου in die Paulusbriefe aus einem Kontext, der in keinem erkennbaren Zusammenhang mit diesen steht, ist hermeneutisch überaus problematisch.

III. Fazit: Leistungen und Grenzen der „New Perspective on Paul"

1 Leistungen

1. Die „New Perspective on Paul" hat zweifellos zu einem angemesseneren Verständnis des Frühjudentums und seines Gesetzesverständnisses beigetragen. Das Frühjudentum kann und darf nicht länger als eine Religion der „Werkgerechtigkeit" interpretiert werden. Es ist freilich auch nicht einfach – wie bei Sanders und Dunn – als eine „Gnadenreligion" zu charakterisieren. Es vertritt vielmehr das Prae der Gnade bei gleichzeitiger Betonung der Heilsrelevanz der verdienstlichen Werke[78].

νόμον πράσσειν Röm 2,25 / τὸν νόμον ποιεῖν Gal 5,3 darf durch die akribischen Untersuchungen von Hofius als gesichert gelten.

[78] Siehe dazu die eingehende und umsichtige Untersuchung von FRIEDRICH AVEMARIE, Tora und Leben (siehe Anm. 44). Im Blick auf die frührabbinischen Texte erklärt AVEMARIE, aaO, S. 578: „Das Vergeltungsprinzip gilt ungebrochen; nirgends wird in Zweifel gezogen, daß die Gebotserfüllung belohnt und die Übertretung bestraft wird" – auch wenn immer wieder betont wird, „daß der bessere Gehorsam nicht durch die Aussicht auf Lohn motiviert ist, sondern um Gottes willen oder um der Gebote selbst willen geschieht". Vgl. DERS., Erwählung und Vergeltung. Zur optionalen Struktur rabbinischer Soteriologie, NTS 45 (1999) S. 108–126. LOHSE, Der Brief an die Römer (siehe Anm. 9), S. 141 betont in Kritik an Sanders' „Bundesnomismus"-These zu Recht: „Nach dem allen Juden gemeinsamen Verständnis [ist] die Thora die bestimmende Gabe, die Gott seinem Volk Israel

2. Gegenüber dem in der Bultmann-Schule vorherrschenden rein juridischen Verständnis der Rechtfertigung stellt die „New Perspective" insofern ein Korrektiv dar, als sie den Gedanken der Partizipation als zentrales Moment der paulinischen Soteriologie hervorhebt. Damit stellt sie die neutestamentliche Wissenschaft vor die Aufgabe, eine angemessene Verhältnisbestimmung zwischen der juridischen und der partizipatorischen Dimension des Rechtfertigungsgeschehens zu erarbeiten.

3. Was die Frage anlangt, ob Luther Paulus zutreffend verstanden hat, so nötigt die negative Antwort, die die „New Perspective" auf diese Frage gibt[79], zu einer erhöhten hermeneutischen und theologischen Sensibilität und Sorgfalt. Dies sollte vor vorschnellen Identifikationen bewahren. Bleibende Unterschiede zwischen Luther und Paulus sind bewusst geworden und bewusst zu halten: So ist Paulus – um nur das nochmals zu erwähnen – vor Damaskus nicht auf der Suche nach dem gnädigen Gott, erblickt er das Wesen der Sünde nicht im καυχᾶσθαι und spricht er in Römer 7 nicht vom Christen.

---

anvertraut hat, damit es im Gehorsam ihr gegenüber lebe. Denn nur dann werde man am Ende vor Gottes Gericht bestehen können, bei dem ohne Ansehen der Person geurteilt wird. Im Gericht aber kommt es allein auf die Menge der Taten an (Mischna Av III, 15). Weil Gottes Gericht unbestechlich und gerecht sein wird, behalten die Sätze der Thora das erste und letzte Wort. (…) Die These, dem palästinischen Judentum liege die Grundstruktur eines *gnadenhaft bestimmten Bundesnomismus* zugrunde, erweckt den Eindruck, nicht so sehr aus jüdischen Voraussetzungen als vielmehr von christlichen Kategorien her entworfen zu sein."

[79] Negativ urteilt auch VOLKER STOLLE, Luther und Paulus. Die exegetischen und hermeneutischen Grundlagen der lutherischen Rechtfertigungslehre im Paulinismus Luthers (ABG 10), Leipzig 2002 (siehe dazu die kritische Besprechung von CHRISTOF LANDMESSER, Luther und Paulus. Eine Rezension in exegetischer Perspektive zu einem Buch von Volker Stolle, NZSTh 48 [2006] S. 222–238); DERS., Nomos zwischen Tora und Lex. Der paulinische Gesetzesbegriff und seine Interpretation durch Luther in der zweiten Disputation gegen die Antinomer vom 12. Januar 1538, in: MICHAEL BACHMANN (HG.), Lutherische und Neue Paulusperspektive (siehe Anm. 8), S. 41–67.

2   Grenzen und Probleme

1. Die in der „New Perspective" beliebte, aber gleichwohl undifferenzierte Entgegensetzung „Paulus *versus* Luther" droht das Kind mit dem Bade auszuschütten. Sie bringt sich damit um gewichtige exegetische und theologische Einsichten, die sich dem großen Paulusausleger Martin Luther im mühsamen, lebenslangen Ringen mit den paulinischen Texten erschlossen haben.

2. Der „New Perspective" gelingt es nicht, die *fundamentale* und *essentielle* Bedeutung der Rechtfertigungslehre für das *Ganze* der paulinischen Theologie wahrzunehmen und dieser Rechnung zu tragen. Der programmatischen Themenangabe des Römerbriefes (Röm 1,16 f.) zufolge formuliert Paulus mit seiner Rechtfertigungslehre nicht weniger als den *Inhalt des Evangeliums*, dessen Bote und Träger er ist. Denn der Inhalt des Evangeliums ist nichts anderes als das *solus Christus*, und mit diesem sind eo ipso die beiden Implikationen: *sola gratia* und *sola fide Christi* sowie die entsprechenden Negationen: *sine lege* und *sine operibus legis* gegeben. Der Apostel entfaltet, wie beachtet sein will, seine Rechtfertigungslehre im Römerbrief argumentativ und – anders als im Galaterbrief und im Philipperbrief – ganz unpolemisch. Ferner ist zu bedenken, dass von der „Rechtfertigung" in den paulinischen Briefen bereits in 1. Kor 1,30; 6,11; 2. Kor 3,9; 5,21 die Rede ist, ohne dass dort ein „kämpferischer" Akzent zu verzeichnen wäre[80]. Auch die in 2. Kor 3 vorliegende Antithese von

---

[80]   Zum inneren Zusammenhang zwischen der Soteriologie des Ersten Thessalonicherbriefes und der in den späteren Paulusbriefen entfalteten Rechtfertigungslehre siehe THOMAS SÖDING, Der Erste Thessalonicherbrief und die frühe paulinische Evangeliumsverkündigung. Zur Frage einer Entwicklung der paulinischen Theologie, in: DERS., Das Wort vom Kreuz. Studien zur paulinischen Theologie (WUNT 93), Tübingen 1997, S. 31–56; ferner: HANS HÜBNER, Pauli theologiae proprium, in: DERS., Biblische Theologie als Hermeneutik (siehe Anm. 6), S. 40–68, hier: S. 49–53.

„Gesetz" und „Evangelium" ist beschreibend und nicht polemisch[81]. Der „kämpferische" Akzent tritt dann im Galaterbrief angesichts einer konkreten Konfliktsituation hinzu, wobei der Apostel einschärft: Eine Preisgabe der Rechtfertigungslehre wäre als solche die Preisgabe des Evangeliums und der Abfall von Jesus Christus. Entsprechendes lässt sich in Phil 3,2 ff. beobachten. Von daher ist nicht nur die These zurückzuweisen, dass wir es in der Rechtfertigungslehre mit einem *Nebenthema* bzw. einem *Nebenkrater* der paulinischen Theologie zu tun haben, sondern auch die Ansicht, dass es sich hier um eine *Kampfeslehre* handle, die Paulus allererst auf Grund der judaistischen Infragestellung seiner Evangeliumsverkündigung entwickelt und begrifflich entfaltet habe. Die Rechtfertigungslehre mit ihrer Negation der Heilsrelevanz der Tora gründet vielmehr im Damaskusereignis und lässt sich aus diesem Widerfahrnis stringent ableiten[82]. Mit der Rechtfertigungslehre formuliert Paulus, was die

---

[81] Siehe dazu OTFRIED HOFIUS, Gesetz und Evangelium nach 2. Korinther 3, in: DERS., Paulusstudien I (siehe Anm. 18), S. 75–120.

[82] Ebenso urteilen z.B. CHRISTIAN DIETZFELBINGER, Die Berufung des Paulus als Ursprung seiner Theologie (WMANT 58), Neukirchen-Vluyn ²1989, S. 114–116 („Das Damaskuserleben ist zeitlich gesehen der Ort, der Paulus zwang, in Bezug auf die Tora umzudenken. *Von Anfang an* also mußte die Gesetzesproblematik seine Theologie beherrschen, mußte er die neue Sicht der Tora in theologischer Reflexion verantworten und in die Sprache der Predigt umsetzen" [S. 115]); DERS., Der Sohn. Skizzen zur Christologie und Anthropologie des Paulus (BThSt 118), Neukirchen-Vluyn 2011 (Programmatisch: „Im vorliegenden Buch wird ... der Versuch unternommen, den Grund für den späteren Weg und das theologische Denken des Apostels Paulus mit entschiedener Konsequenz von der bei Damaskus gewonnenen, freilich auch erlittenen Erfahrung her zu begründen. Es soll klar werden, daß vor allem die neue Sicht des Paulus auf die Tora von dieser Erfahrung geradezu erzwungen worden ist" [V]); PETER STUHLMACHER, Biblische Theologie des Neuen Testaments I (siehe Anm. 9), S. 227 („Die Rechtfertigungslehre kennzeichnet ... das paulinische Evangelium von früh an und ist von Paulus nicht erst in der Spätzeit seines Wirkens ausgebildet worden"). S. 231 („Die Grunderfahrung, von der Paulus als Apostel Jesu Christi ausgeht, ist die ihm selbst vor Damaskus zuteilgewordene *Rechtfertigung des Gottlosen*"). S. 247 („Ehe Paulus die Rechtfertigung des Gottlosen lehrte ..., hatte er sie vor Damaskus am eigenen Leibe erfahren!"); WALTER KLAIBER, Gerecht vor Gott. Rechtfertigung in der Bibel

Mitte und also „die *Wahrheit* des Evangeliums" ist. Die paulinische Rechtfertigungslehre hat mithin einen *universalen* und *überzeitlichen* Anspruch.
Sie darf deshalb nicht, wie es in der „New Perspective" geschieht, situativ
historisiert, reduktionistisch interpretiert, soziologisch funktionalisiert und
so sachlich-theologisch marginalisiert und relativiert werden.

3. Die „New Perspective" verzeichnet das Verhältnis von *„Partizipation"*
und *„Rechtfertigung"*, wenn sie den Rechtfertigungsgedanken dem Partizi-
pationsgedanken sachlich unterordnet bzw. in diesen integriert. Die Partizipation ist vielmehr umgekehrt *Implikat* der Rechtfertigung, die im
Christusgeschehen, d.h. in Kreuz und Auferstehung Jesu als dem Ereignis
inkludierender – den Sünder real einbeziehender – Stellvertretung, gründet
und hier ein für alle Mal verwirklicht ist. Die *iustificatio* ist als solche
participatio; und die *participatio* ist nur als *iustificatio* Wirklichkeit.

4. Die für die paulinische Rechtfertigungslehre entscheidende Antithese
zwischen ἔργα νόμου und πίστις Χριστοῦ wird in der „New
Perspective" – infolge des Fehlverständnisses der ἔργα νόμου als
„boundary markers" – unzutreffend bestimmt. Für Paulus gibt es bei der
Frage nach dem ewigen Heil für Juden und Heiden nur die *eine*
grundsätzliche Alternative: Entweder kommt das Heil durch einen
umfassenden Toragehorsam oder durch den Glauben an Jesus Christus:
Tertium non datur! Auf Grund seiner – *von Christus her gewonnenen* –
anthropologischen und hamartiologischen Einsichten in das Wesen des
Menschen, der außerhalb des Glaubens an Jesus Christus von der Sünde
versklavt und beherrscht wird, ist es Paulus unzweifelhaft, dass die
Toraobservanz weder für Juden noch für Heiden irgendetwas zum Heil
beitragen kann und soll. Von daher stellt sich ihm als Apostel eine Frage
ganz neu, auf die er als Pharisäer bereits eine definitive Antwort zu haben

---

und heute (BTSP 20), Göttingen 2000, S. 86–89: („Der Schlüssel zur Theologie des
Paulus ist seine Berufung. Mit dieser Erfahrung sind die wichtigsten
Grundentscheidungen gefallen, die Paulus in seiner weiteren theologischen Arbeit
entfalten wird." [S. 86] „Paulus sah in der Berufung des Verfolgers zum Apostel
die ihm persönlich geltende Form der Rechtfertigung des Gottlosen." [S. 89]).

meinte: Τί οὖν ὁ νόμος; – „Was soll nun das Gesetz?"(Gal 3,19a) Seine Antwort auf diese Frage lautet in aller Kürze so[83]: Das Gesetz ist einzig „um der Übertretungen willen" da (V. 19b), d.h. dazu, die Verlorenheit des Menschen vor Gott *objektiv* aufzudecken. In der Tora hält der Mensch gleichsam das göttliche Todesurteil über sich als Sünder in der Hand. Heilsrelevanz kommt der Tora in keiner Weise zu: weder *ante Christum natum* noch *post Christum crucifixum et resurrectum*. Heilbringend ist allein Jesus Christus als der „für uns" Gekreuzigte und Auferstandene und von daher das Evangelium, das ihn zum Inhalt hat und zu uns bringt, ja, das er selber ist.

---

[83] Zur Interpretation der paulinischen Darlegungen zur Funktion des Gesetzes in Gal 3,19 – 4,7 siehe ECKSTEIN, Verheißung und Gesetz (siehe Anm. 31), S. 190–245.

OSWALD BAYER:

Das paulinische Erbe bei Luther

I. Die Fragestellung

Paulinisches Erbe ist Luther besonders durch die Tradition des Augusti-ner-Eremiten-Ordens, dem er angehörte, übermittelt worden[1] – d.h. in der Hauptsache durch die Paulusinterpretation Augustins, wie sie sich vor al-lem in dessen antipelagianischen Schriften dokumentiert. In der Praefatio, von der gleich die Rede sein wird, hebt Luther ausdrücklich die Schrift „De spiritu et littera" hervor, mit der er sich in der Zeit seiner Römer-briefvorlesung (1515/16), die freilich noch nicht seine reformatorische Theologie repräsentiert[2], eingehend beschäftigte[3]. Luther verstand sich in dieser Zeit so sehr als Augustiner, dass er sich in der „protestatio", wie er sie beispielsweise den Resolutionen zu den Ablassthesen vorausschickt, ausdrücklich auf Augustin berief[4].

Ein Hauptschlüssel zum Verständnis des paulinischen Erbes bei Luther ist dessen großes Selbstzeugnis in der Praefatio zum ersten Band der Wit-tenberger Ausgabe der Opera Latina 1545. Luther zeigt hier an den wich-tigsten Etappen des Ablassstreites die Entwicklung seines Verhältnisses zur Papstgewalt und ihren Repräsentanten – doch so, dass es ihm nicht

---

[1] Zur Paulusbestimmheit der Wittenberger Universitätsreform: KARL BAUER, Die Wittenberger Universitätstheologie und die Anfänge der deutschen Reformation, Tübingen 1928.

[2] Vgl. den Aufweis von OSWALD BAYER, Promissio. Geschichte der reformatorischen Wende in Luthers Theologie, Göttingen 1971 = Darmstadt ²1989, S. 32–143.

[3] Vgl. in diesem Zusammenhang LEIF GRANE, Augustins „Expositio quarundam propositionum ex epistola ad Romanos" in Luthers Römerbriefvorlesung, ZThK 69 (1972) S. 304–330.

[4] WA 1, 529,30–530,12.

nur um eine Chronik der äußeren Ereignisse geht, sondern um ihren innersten Grund. Deshalb kommt Luther in seinem Rückblick auf das ihn tragende Verständnis des Evangeliums zu sprechen, wie es sich ihm im „reformatorischen Durchbruch" bzw. in der „reformatorischen Wende" seines Lebens und seiner Theologie eröffnete:

»Inzwischen war ich in diesem Jahr [1519] bereits wieder zum Psalter zurückgekehrt, um ihn ein zweites Mal auszulegen, im Vertrauen darauf, dass ich jetzt dafür geübter wäre, nachdem ich die Briefe des Paulus an die Römer [1515/1516] und Galater [1516/1517] und den an die Hebräer [1517/1518] in Vorlesungen behandelt hatte. Ein ganz ungewöhnlich brennendes Verlangen hatte mich gepackt, Paulus im Römerbrief zu verstehen; aber nicht Kaltherzigkeit hatte mir bis dahin im Wege gestanden, sondern ein einziges Wort, das im ersten Kapitel steht: „Gottes Gerechtigkeit wird darin [im Evangelium] offenbart" [Röm 1,17]. Denn ich hasste diese Vokabel „Gerechtigkeit Gottes", die ich durch die übliche Verwendung bei allen Lehrern gelehrt war, philosophisch zu verstehen von der sogenannten formalen oder aktiven Gerechtigkeit, mittels derer Gott gerecht ist und die Sünder und Ungerechten straft.

Ich aber, der ich, so untadelig ich auch als Mönch lebte, vor Gott mich als Sünder von unruhigstem Gewissen fühlte und mich nicht darauf verlassen konnte, dass ich durch meine Genugtuung versöhnt sei, liebte nicht, nein, hasste den gerechten und die Sünder strafenden Gott und war im Stillen, wenn nicht mit Lästerung, so doch allerdings mit ungeheurem Murren empört über Gott: Als ob es wahrhaftig damit nicht genug sei, dass die Elenden und die infolge der Erbsünde auf ewig verlorenen Sünder mit lauter Unheil zu Boden geworfen sind durch das Gesetz der Zehn Gebote, vielmehr Gott durch das Evangelium zum Schmerz noch Schmerz hinzufüge und auch durch das Evangelium uns mit seiner Gerechtigkeit und seinem Zorn bedrohe. So raste ich wilden und wirren Gewissens, dennoch klopfte ich beharrlich an eben dieser Stelle bei Paulus an mit glühend heißem Durst, zu erfahren, was St. Paulus wolle.

Bis ich, dank Gottes Erbarmen, unablässlich Tag und Nacht darüber nachdenkend, auf den Zusammenhang der Worte aufmerksam wurde, nämlich: „Gottes Gerechtigkeit wird darin offenbart, wie geschrieben steht: Der Gerechte lebt aus Glauben." Da begann ich, die Gerechtigkeit Gottes zu verstehen als die, durch die als Gottes Geschenk der Gerechte lebt, nämlich aus Glauben, und dass dies der Sinn sei: durch das Evangelium werde Gottes Gerechtigkeit offenbart, nämlich die

*passive, durch die uns der barmherzige Gott gerecht macht durch den Glauben,
wie geschrieben ist: „Der Gerechte lebt aus Glauben." Da hatte ich das Empfin-
den, ich sei geradezu von neuem geboren und durch geöffnete Tore in das Paradies
selbst eingetreten. Da zeigte mir sofort die ganze Schrift ein anderes Gesicht. Ich
durchlief dann die Schrift nach dem Gedächtnis und sammelte entsprechende
Vorkommen auch bei anderen Vokabeln, z.B. Werk Gottes, d.h.: was Gott in uns
wirkt; Kraft Gottes, durch die er uns kräftig macht, Weisheit Gottes, durch die er
uns weise macht, Stärke Gottes, Heil Gottes, Herrlichkeit Gottes.*

*Wie sehr ich vorher die Vokabel „Gerechtigkeit Gottes" gehasst hatte, so pries
ich sie nun mit entsprechend großer Liebe als das mir süßeste Wort. So ist mir
diese Paulusstelle wahrhaftig das Tor zum Paradies gewesen. Später las ich
Augustins Schrift de spiritu et littera. In ihr bin ich wider Erwarten darauf
gestoßen, dass auch er die Gerechtigkeit ähnlich erklärt: als die, mit der Gott uns
bekleidet, indem er uns rechtfertigt. Und obwohl dies noch unvollkommen gesagt
ist und in Bezug auf die Zurechnung der Gerechtigkeit nicht alles klar erläutert,
gefiel es mir doch, dass dort als Gerechtigkeit Gottes die gelehrt wird, durch die
wir gerechtfertigt werden.«*[5]

II. Lex et Evangelium

Dieser Rückblick muss zusammen gesehen werden mit jenen Rückblicken, in denen Luther die reformatorische Wende seines Lebens und
seiner Theologie als Durchbruch zur Erkenntnis der Unterscheidung von
Gesetz und Evangelium bezeugte wie in folgender Tischrede aus dem Jahr
1542: »*Zuuor mangelt mir nichts, denn dass ich kein discrimen inter legem et
euangelium machet, hielt es allesvor eines et dicebam Cristum a Mose non differre
nisi tempore et perfectione. Aber do ich das discrimen fande, quod aliud esset lex,
aliud euangelium, da riß ich her durch.*«[6]

---

[5] WA 54, 185,12–186,20.

[6] WA TR 5, 210,12–16 (Nr. 5518; 1542).

Gewissheit des Heils setzt Eindeutigkeit voraus. Gewissmachende Eindeutigkeit stellt sich nur dann ein, wenn das Evangelium, wie eine dritte — in der Lutherforschung meist nicht beachtete — Reihe von Rückblicken pointiert[7], als „promissio", als kategorische Gabe —„Nimm hin und iss" (vgl. 1. Mose 2,16 mit 1. Kor 11,24) — sich vom fordernden und der Sünde überführenden Gesetz unterscheidet, das zwar an sich heilig, gerecht und gut ist, von uns aber nicht vollkommen erfüllt wird (Röm 7,12; Gal 3,10–12; Jak 2,10; Gal 5,3; Röm 2,25). Für Luther ist das als „promissio" verstandene Evangelium das „zweite" Wort, das letzte, das endgültige Wort Gottes. ἐπαγγελία meint bei Paulus zunächst die alttestamentliche, in Christus erfüllte Verheißung und hat in diesem Sinne heilsgeschichtliche Bedeutung. Luther dagegen versteht „promissio" primär präsentisch: als rechtsgültige Zusage mit sofortiger Wirkung, als verbum efficax: Dieses Verständnis hat er vom Absolutionswort, vom Taufwort und vom Gabewort des Herrenmahles her gewonnen[8].

Entsprechend kann Luther in seiner Neujahrspredigt von 1532 programmatisch formulieren: »*Ich will die zwei Worte unvermischt, sondern ein jedes an seinen Ort in seine Materie gewiesen haben: das Gesetz für den alten Adam, das Evangelium für mein verzagtes, erschrockenes Gewissen.*«[9] »*Die Meinung des heiligen Paulus ist diese*«, heißt es in derselben Predigt, »*dass in der Christenheit sowohl von Predigern als auch von Zuhörern ein eindeutiger Unterschied gelehrt und erfasst werden soll, nämlich der zwischen Gesetz und Evangelium, zwischen den Werken und dem Glauben. Dies befiehlt er auch dem*

---

[7] Vgl. OSWALD BAYER, Die reformatorische Wende in Luthers Theologie, ZThK 66 (1969) S. 115–150; auch in: DERS., Martin Luthers Theologie. Eine Vergegenwärtigung, Tübingen ²2004, S. 41–61: bes. S. 44–46.

[8] Dazu eingehend OSWALD BAYER, Promissio (siehe Anm. 2).

[9] WA 36, 41,30–32 (Predigt über Gal 3,23 ff. [1. Januar 1532]). Die scharfe Opposition von „Gesetz und Evangelium" ist dem Wortlaut nach zwar nicht biblisch, wohl aber der Sache nach berechtigt, wie 2. Kor 3,6 bekundet. Dazu OTFRIED HOFIUS, Gesetz und Evangelium nach 2. Korinther 3; in: DERS., Paulusstudien I (WUNT 51), Tübingen 1989, S. 75–120. Diese Darlegung widerlegt den Satz: „Paul was no Luther before Luther." (HEIKKI RÄISÄNEN, Paul and the Law [WUNT 29], Tübingen ²1987, S. 231)

Timotheus, wo er ihn ermahnt, das Wort der Wahrheit recht zu teilen [2. Tim 2,15]. Denn diese Unterscheidung zwischen Gesetz und Evangelium ist die höchste Kunst in der Christenheit, die alle, die sich des Namens ,Christen' rühmen oder annehmen, können und wissen sollen. Denn wo es an diesem Stück mangelt, kann man einen Christen im Unterschied zu einem Heiden oder einem Juden nicht erkennen — so vollständig liegt es an dieser Unterscheidung.«[10]

Nach Luther orientiert sich Theologie, wenn sie bei ihrer Sache ist, in der Behandlung aller ihrer Themen an der Unterscheidung von Gesetz und Evangelium und sucht dabei dem Vorgang nachzudenken, in dem Gott den Menschen sprachlich-weltlich so begegnet, dass sie glauben und in der Liebe frei handeln können. Die Nicht-Unterscheidung von Gesetz und Evangelium – faktisch herrschender Normalfall – dient allein dem Tod bringenden Gesetz (2. Kor 3,6). Ihre Unterscheidung hingegen dient der Klarstellung dessen, was Evangelium ist. Klassisch kurz bekundet sich diese Unterscheidung im achten und neunten Abschnitt von Luthers Traktat „Von der Freiheit eines Christenmenschen" (1520):

»Wie geht es aber zu, dass der Glaube allein gerecht machen und ohne alle Werke so überschwenglichen Reichtum geben kann, wenn doch in der Schrift uns so viele Gesetze, Gebote, Werke, Stände und Weisen vorgeschrieben sind? Hier ist fleißig zu merken und ja mit Ernst zu behalten, dass allein der Glaube ohne alle Werke gerecht, frei und selig macht, wie wir hernach mehr hören werden; und es ist zu wissen, dass die ganze heilige Schrift in zweierlei Worte geteilt wird, die Gebote oder das Gesetz Gottes, die Verheißungen oder Zusagen. Die Gebote lehren und schreiben uns mancherlei gute Werke vor; nur sind sie damit noch nicht geschehen. Sie geben wohl Anweisung, sie helfen aber nicht; sie lehren, was man tun soll, geben aber keine Stärke dazu. Darum sind sie nur dazu verordnet, dass der Mensch daran sein Unvermögen zum Guten sieht und an sich selbst zu verzweifeln lernt. Daraus lernt er, an sich selbst zu verzagen und anderswo Hilfe zu suchen, damit er ohne böse Begierde sei und so das Gebot durch einen anderen erfüllt werde, was er aus sich selbst nicht vermag.

---

[10]   WA 36, 25,17–26 (Predigt über Gal 2,23 ff.).

Wenn nun der Mensch aus den Geboten sein Unvermögen gelernt und em-
pfunden hat, dass ihm nun angst wird, wie er dem Gebote Genüge tut, weil ja
doch das Gebot erfüllt sein oder er verdammt sein muss, dann ist er recht gede-
mütigt und zunichte geworden, in seinen eigenen Augen. Er findet nichts in sich,
wodurch er gerecht werden könnte. So kommt darauf das andere Wort, die
göttliche Verheißung und Zusage [= promissio] und spricht: Willst du alle Gebote
erfüllen, deine böse Begierde und Sünde loswerden, wie die Gebote zwingen und
fordern, sieh her, glaube an Christus, in dem ich dir alle Gnade, Gerechtigkeit,
Friede und Freiheit zusage. Glaubst du, so hast du; glaubst du nicht, so hast du
nicht: Denn was dir unmöglich ist mit allen Werken der Gebote, deren viele sind
und die doch von keinem Nutzen sein können, das wird dir leicht und einfach
durch den Glauben. Denn ich habe alle Dinge aufs kürzeste in den Glauben
gestellt, so dass, wer ihn hat, soll alle Dinge haben und selig sein; wer ihn nicht
hat, soll nichts haben. So geben die Zusagen Gottes, was die Gebote fordern, und
sie vollbringen, was die Gebote heißen, damit es alles Gott eigen ist, Gebot und
Erfüllung. Er verheißt allein; er erfüllt auch allein.«[11]

Was faktisch zuerst widerfährt, ist das Gesetz. In ihm tritt mir Gott
gegenüber – mit unausweichlichen, harten Fragen: „Adam, Eva!, wo bist
du?" (Gen 3,9) „Wo ist dein Bruder?" (Gen 4,9) Solche Fragen überführen
mich; was mir nicht bewusst ist, tritt ans Licht. Ja, ich werde überhaupt
erst entdeckt: „Du bist der Mann!" – des Todes (2. Sam 12,7.5). Das kann
ich mir nicht selbst sagen; das muss mir von außen, von einem anderen gesagt werden. Gleichwohl werde ich so überführt, dass ich, wie David vor
Nathan, dem Propheten Gottes, mir selbst das Urteil spreche. Das mir
widerfahrende Gesetz überführt mich zugleich von innen heraus; seine Ex-
ternität ist keine Heteronomie, der gegenüber ich selbst nur ein mecha-
nisches Echo wäre[12].

---

[11]   WA 7, 23,24–24,21 (Von der Freiheit eines Christenmenschen; 1520).

[12]   Der erste („politische") Gebrauch des Gesetzes und mit ihm die Unterscheidung
der Erhaltungsgnade von der Gnade der Neuschöpfung, die das Evangelium ist,
lässt sich, wenn Missverständnisse vermieden werden sollen, nur schwer mit dem
zweiten („theologischen" oder „überführenden") Gebrauch in einem einzigen
Begriff – dem des „Gesetzes" – verbinden. Es dient der Klarheit, den usus politicus

Anders als im Gesetz, in dem Gott gegen mich spricht, spricht er im Evangelium für mich. Das Evangelium ist deshalb ein „zweites" Wort[13] Gottes, das mit dem des Gesetzes nicht auf ein Drittes – etwa die eine Selbstoffenbarung Gottes – hin relativiert werden kann. Keines der zwei Worte lässt sich auf das jeweils andere zurückführen; die Unterscheidung zwischen Gesetz und Evangelium ist, solange wir unterwegs sind (2. Kor 5,7), durch keine Kunst der Aufhebung in eine höhere oder tiefere Einheit zu beseitigen.

Das zweite, entscheidende, endgültige Wort Gottes, das Evangelium, spricht für mich. Der reformatorischen Theologie Luthers war das „für mich" („pro me") das kommunikative Sein Jesu Christi selber, in dem der dreieine Gott sich mit der Taufe und dem Abendmahl sowie mit jeder tauf- und abendmahlsgemäßen Predigt in leiblichem Wort zuspricht und gibt. In solchem Widerfahrnis des Zuspruchs der Sündenvergebung wird der Sünder neu geschaffen und hat seine Identität bleibend außerhalb seiner selbst, in einem Anderen, Fremden (Gal 2,20): in dem, der in einem wundersamen Wechsel und Tausch menschlicher Sünde und göttlicher Gerechtigkeit an seine Stelle getreten ist: „So lebe nun nicht ich …"

III. Sola fide

Luthers intensiver exegetischer und meditativer Umgang mit Paulus hat seine Hauptpointe zweifellos in der Wahrnehmung der aufgewiesenen scharfen Unterscheidung von Gesetz und Evangelium; jede Beurteilung des Verhältnisses von Paulus und Luther ist zuerst und zuletzt an diesem Punkt zu einer Stellungnahme herausgefordert.

---

legis kategorial selbstständig zu fassen und eigens hervorzuheben. In verschiedener Begrifflichkeit begegnet die Rede vom „zweifachen Gebrauch" (duplex usus) des Gesetzes beispielsweise WA 26, 15,28–32; WA 26, 16,22–36 (Vorlesung über 1. Tim; 1528); WA 40/1, 479,1–486,5 (zu Gal 3,19 [Großer Galaterkommentar 1531]); WA 39/1, 441,2 f. (Zweite Disputation gegen die Antinomer; 1538).

[13] WA 7, 24,9 f. (Von der Freiheit eines Christenmenschen; 1520).

Des Näheren sieht Luther die Unterscheidung von Gesetz und Evangelium bei Paulus in der Explikation des Summariums Röm 1,16 f. durch 1,18 – 3,20 und 3,21 – 3,30 bezeugt. In Röm 1,18 – 3,20 sieht er das Problem der natürlichen Theologie und des Verlustes der menschlichen Ursprungsfreiheit vorbildlich behandelt: Von Seiten Gottes aus kann jeder Mensch Gott erkennen und seine Existenz in der Anerkennung und dem Lob des Schöpfers als verdankte Existenz leben; keiner aber tut es, auch nicht einer. Darauf bezogen geschieht das Heilswerk Jesu Christi, das Evangelium, das in der Sündenvergebung besteht (3,21–30); sie geschieht als Neuschöpfung, in der die „verkehrte Welt", die „in ihrer Blindheit ersoffen ist"[14], zur neuen Kreatur wird (2. Kor 5,17). Die entscheidende Bedeutung von Röm 3,21–30 für Luthers Paulusrezeption zeigt sich nicht zuletzt darin, dass Luther in der gesamten Bibel nur diese eine Wortfolge: der „SÜNDE VERGIBT" (3,25) durch Versalien auszeichnet und das so Ausgezeichnete in einer Randglosse „das Hauptstück" und die „Zentralstelle dieser Epistel und der ganzen Heiligen Schrift" nennt[15].

Die Sündenvergebung wird im Glauben empfangen – allein im Glauben; Luther fügt in seiner Bibelübersetzung in Röm 3,28 das Wörtchen „allein" ein und verteidigt diese Entscheidung gegen Angriffe seiner theologischen Gegner wie Johannes Eck, er gehe mit dem Bibeltext willkürlich um[16]. Der ganze Vers 28 („So halten wir nun dafür, dass der Mensch gerecht werde ohne des Gesetzes Werke, allein durch den Glauben.") ist für Luther so zentral, dass er darüber nicht weniger als fünf Thesenreihen aufstellte[17] und aus ihm in der Hauptthese (These 32) seiner berühmten Disputatio de homine (1536), die seine gesamte Theologie in nuce enthält, die „Definition" des Menschen gewinnt: „hominem iustificari fide"[18]: der

---

[14]   WA 30/1, 185,6 f. (Großer Katechismus; 1529).

[15]   MARTIN LUTHER, Biblia, das ist: die gantze Heilige Schrifft: Deudsch, Wittenberg 1545 (zu Röm 3,23 ff.). Dazu MARTIN SCHLOEMANN, Die zwei Wörter. Luthers Notabene zur „Mitte der Schrift", Luther 65 (1994) S. 110–123.

[16]   WA 30/2, 632,1–643,13 (Ein Sendbrief D. Martin Luthers vom Dolmetschen und Fürbitte der Heiligen; 1530).

[17]   WA 39/1, 44–48; 48–53 (1535); 82 f.; 84–86 (1536); 202–204 (1537).

[18]   WA 39/1, 176,34 f.

Mensch ist dadurch Mensch, dass er durch Glauben gerechtfertigt wird. Der rechtfertigende Glaube ist für Luther nicht etwas *am* Menschen, keine Qualitätsbestimmung, die erst sekundär hinzutrete wie ein Akzidens zu einer Substanz. „Hominem iustificari fide" ist vielmehr eine *grundlegend* anthropologische These[19].

Luther versteht Paulus so, dass der Glaube alles ist und keiner Ergänzung durch die Liebe und die Hoffnung bedarf, weil er in sich selber schon Liebe und Hoffnung ist. Er urteilt, dass der *„Glaube die Liebe und die Hoffnung mit sich bringt; ja, wenn wir's recht ansehen, dann ist die Liebe das erste oder doch mit dem Glauben zugleich da. Denn ich könnte Gott nicht vertrauen, wenn ich nicht dächte, der wolle mir günstig und hold sein; wodurch auch ich ihm wiederum hold [bin] und dazu bewegt werde, ihm herzlich zu trauen und alles Gute von ihm zu erhoffen."* [20]

Die Scholastik urteilt in ihrer Auslegung von Gal 5,6, dass der Glaube erst durch die Liebe seine heilsbedeutsame Gestalt und Erfüllung gewinnt; in diesem Sinn wird von der „fides caritate formata" geredet[21]. Luther dagegen versteht Paulus so, *„dass der Mensch ohne Werke gerecht werde, wiewohl er nicht ohne Werke bleibt, wenn er gerecht geworden ist"*[22]. Die Liebe kommt nicht zum Glauben hinzu, um ihn zu ergänzen. Vielmehr wird – so lässt sich der griechische Wortlaut von Gal 5,6 in der Tat übersetzen – der Glaube in der Liebe seine ihm selbst eigene Energie los; als *Glaube* ist er in der Liebe tätig. Dieses Verständnis bekundet sich in der klassisch zu nennenden Definition, die Luther in der Römerbriefvorrede 1522 vom Glauben gibt: »*Glaube ist ein göttliches Werk in uns, das uns wandelt und neu gebiert aus Gott, Joh 1[,13] und den alten Adam tötet; er macht aus uns ganz andere Menschen von Herzen, Mut, Sinn und allen Kräften und bringt den*

---

[19] Vgl. weiter Oswald Bayer, Martin Luthers Theologie (s.o. Anm. 7), S. 141 f. Vgl. aaO, S. 91 f.

[20] WA 6, 210,5–9 (Sermon von den guten Werken; 1520).

[21] Vgl. z.B. Thomas von Aquin, STh II/2, q. 4.a. 3. Das Tridentinum bestätigt diese Lehre (Enchiridion symbolorum et definitionum, quae de rebus fidei et morum a conciliis oecumenicis et summis pontificibus emanarunt, hg. von Heinrich Denzinger und Peter Hühnermann, Freiburg i.Br. 381999, Nr. 1531 und 1648).

[22] WA DB 7, 16,17–19 (Vorrede zum Römerbrief; 1522).

Heiligen Geist mit sich. Oh, es ist ein lebendiges, geschäftiges, tätiges, mächtiges Ding um den Glauben, so dass es unmöglich ist, dass er nicht ohne Unterlass sollte Gutes wirken. Er fragt auch nicht, ob gute Werke zu tun sind, sondern ehe man fragt, hat er sie getan und ist immer im Tun.«[23]

Mit Bedacht zitiere ich hier und im folgenden vor allem Luthers Bibelvorreden. Denn sie stellen neben Luthers Katechismen und seinen Liedern die sowohl konzentriertesten wie publizistisch wirkmächtigsten Zusammenfassungen seiner ganzen Theologie dar.

IV. Vorrede zum Römerbrief (1522)

Die Römerbriefvorrede von 1522 dokumentiert in hervorragender Weise Luthers Paulusrezeption nicht nur im Blick auf den Glaubensbegriff, sondern ebenso im Blick auf die anderen paulinischen Hauptbegriffe: Gesetz, Sünde, Gnade und Gabe, Gerechtigkeit, Fleisch und Geist[24], die Luther in gedrängten Summarien hervorhebt und dabei Melanchthons Idee der Loci Communes (1521) aufnimmt, die sich ihrerseits am Römerbrief orientieren. Sollte unter den vielen Texten, die Luthers Paulusrezeption bekunden, ein einziger an erster Stelle genannt werden, dann ist auf diese Vorrede zu verweisen, die auch publizistisch ungemein wirksam geworden ist, sind doch Luthers Bibelvorreden bis weit ins 19. Jahrhundert hinein der Lutherbibel beigegeben worden.

Viele Einsichten Luthers, wie sie sich in Kürze in diesen Begriffssummarien bekunden: z.B. dass „Fleisch" und „Geist" keine anthropologischen Partialbestimmungen sind, wie Erasmus wollte, sondern den

---

[23] AaO, 10,6–12. Dieser Text ist die Magna Charta der Berufung des auf der praxis pietatis bestehenden Pietismus auf Luther. Vgl. dazu MARTIN SCHMIDT, Luthers Vorrede zum Römerbrief, in: DERS., Wiedergeburt und neuer Mensch (AGP 2), Witten 1969, S. 299–330.

[24] WA DB 7, 3,17–13,26. Die Römerbriefvorrede ist zweigeteilt: In einem ersten Teil legt Luther, damit „wir der Sprache kundig werden", das Verständnis der genannten Begriffe (Gesetz usw.) dar (WA DB 7, 3,1–13,26). In einem zweiten Teil zeichnet er den Gedankengang des Römerbriefes nach (WA DB 7, 13,27–26,27).

totus homo betreffen, also harmartiologische bzw. soteriologische Total-
bestimmungen darstellen[25], hat die moderne Exegese, vor allem Ernst
Käsemanns Römerbriefkommentar[26], bestätigt. Die „New Perspective on
Paul" jedoch vertritt die radikale These: „Wir interpretieren Paulus falsch,
wenn wir ihn mit Luthers Augen sehen."[27] Besonders umstritten ist
Luthers Auffassung von Röm 7,7–25, wonach dieser Text nicht, wie die
moderne Exegese will[28], vom vorchristlichen Menschen redet, sondern im
Sinne des „simul iustus et peccator" zu verstehen ist.

V. Der Römerbrief als Schlüssel der ganzen Heiligen Schrift

Die Hervorhebung des Römerbriefs ist für Luthers Paulusrezeption
höchst charakteristisch und spezifisch. Stellt die Regel „sacra scriptura sui
ipsius interpres" das durchgehende hermeneutische Prinzip des Reformators dar, so ist die grundlegende Orientierung am Römerbrief die wich-
tigste materiale Gestalt dieses Prinzips. Der Römerbrief sei *das rechte
Hauptstück des Neuen Testaments und das allerlauterste Evangelium"*, „ein hel-

---

[25] WA DB 7, 22,11–13 (Römerbriefvorrede): „Ist doch der ganze Mensch selbst beides,
Geist und Fleisch, der mit sich selbst streitet, bis er ganz geistlich werde."

[26] ERNST KÄSEMANN, An die Römer (HNT 8a), Tübingen ⁴1980.

[27] ED PARISH SANDERS, Paulus. Eine Einführung (RUB 9365), Stuttgart 1995, S. 65. Vgl.
KLAUS HAACKER, Verdienste und Grenzen der „neuen Perspektive" der Paulus-
Auslegung, in: MICHAEL BACHMANN (HG.), Lutherische und Neue Paulus-
perspektive. Beiträge zu einem Schlüsselproblem der gegenwärtigen exegetischen
Diskussion (WUNT 182), Tübingen 2005, S. 1–15.

[28] Vgl. besonders WERNER GEORG KÜMMEL, Römer 7 und das Bild des Menschen im
Neuen Testament. Zwei Studien (ThB 53), München 1974. Vgl. weiter PAUL
ALTHAUS, Paulus und Luther über den Menschen. Ein Vergleich, Gütersloh 1958.
Eine umfassende Kritik legt vor VOLKER STOLLE, Luther und Paulus. Die
exegetischen und hermeneutischen Grundlagen der lutherischen Rechtfertigungs-
lehre im Paulinismus Luthers (ABG 10), Leipzig 2002. Vgl. dazu CHRISTOF
LANDMESSER, Luther und Paulus. Eine Rezension in exegetischer Perspektive zu
einem Buch von Volker Stolle, NZSTh 48 (2006) S. 222–238.

les Licht", „sehr wohl ausreichend, die ganze Schrift zu erleuchten"[29]. Es „scheint, als habe Sanct Paulus in dieser Epistel die ganze christliche und evangelische Lehre einmal kurz zusammen fassen [wollen] und einen Eingang bereiten in das ganze Alte Testament. Denn ohne Zweifel, wer diese Epistel wohl im Herzen hat, der hat des Alten Testaments Licht und Kraft bei sich."[30]

Diese Auszeichnung des Römerbriefs und des Corpus Paulinum überhaupt hat auf römisch-katholischer Seite zu dem Urteil geführt, Luther sei kein „Vollhörer" der Heiligen Schrift gewesen. Deshalb ist es notwendig zu betonen, dass mit seiner Auszeichnung des Römerbriefs keine Einseitigkeit verbunden ist. Vielmehr steht die Rezeption des Corpus Iohanneum der des Corpus Paulinum in nichts nach. In seiner Vorrede auf das Neue Testament von 1522 legt Luther ausführlich sein Verständnis von „Evangelium" dar, aus dem sich ergibt, weshalb er Paulus und Johannes den Synoptikern vorzieht: »Denn wo ich je der eins mangeln sollte, der Werke oder der Predigt Christi, so wollt ich lieber der Werke als seiner Predigt mangeln. Denn die Werke hülfen mir nichts; aber seine Worte, die geben das Leben, wie er selbst sagt (Joh 6,63; 8,51). Weil nun Johannes gar wenig Werke von Christo, aber gar viel von seiner Predigt schreibt, wiederum die andern drei Evangelisten viel seiner Werke, wenig seiner Worte beschreiben, ist Johannis Evangelium das eine, zarte, rechte Hauptevangelium und den andern dreien weit, weit vorzuziehen und höher zu heben. Also auch Sanct Paulus und Petrus Episteln weit über die drei Evangelia Matthaei, Marci und Lucae vorgehen.« Die Hauptbestimmung von „Evangelium" ergibt sich auch hier, wie beim reformatorischen Luther durchgehend, aus der Unterscheidung von Gesetz und Evangelium. Es gehe darum, dass keiner im Neuen Testament »Gebot und Gesetz suche, wo er Evangelium und Verheißung Gottes suchen sollte«[31]. Dieses Evangelium als „promissio", als Heilsgegenwart Gottes des Vaters durch den Sohn im Heiligen Geist, ist ein einziges – ob nun als „eine kurze oder lange Rede", ob als knappe konzentrierte Paradosis wie 1. Kor 15,3–5

---

[29] WA DB 7, 3,15 f. (Römerbriefvorrede).
[30] WA DB 7, 27,22–25 (Römerbriefvorrede).
[31] WA DB 6, 2,10 f.

und Röm 1,3 f. oder im Genus der vier Evangelien. Luther betont, »*dass nur ein Evangelium ist, gleich wie nur ein Christus, da Evangelium nichts anderes ist noch sein kann, als eine Predigt von Christo, Gottes und Davids Sohn, wahrem Gott und Menschen, der für uns mit seinem Sterben und Auferstehen, aller Menschen Sünde, Tod und Hölle überwunden hat, die an ihn glauben. (…) Darum siehe nur darauf, dass du aus Christo nicht einen Moses machest, noch aus dem Evangelium ein Gesetz oder Lehrbuch, wie bisher geschehen ist, und etliche Vorreden, auch S. Hieronymi, sich hören lassen. Denn das Evangelium fordert ausdrücklich nur Glauben an Christum, dass derselbige für uns Sünde, Tod und Hölle überwunden hat, und also nicht durch unser Werk, sondern durch sein eigen Werk, Sterben und Leiden fromm, lebendig und selig macht, dass wir uns seines Sterbens und Siegs mögen annehmen, als hätten wir's selber getan.*«[32]

Aus demselben Grund wie Paulus und Johannes hebt Luther den christologisch ausgelegten Psalter als „die ganze Summa" der Bibel, als „eine kleine Biblia", hervor, weil in ihm die Worte wichtiger sind als die Werke: Es »*sollte der Psalter allein deshalb teuer und lieb sein, dass er von Christi Sterben und Auferstehung so klärlich verheißet und sein Reich und der ganzen Christenheit Stand und Wesen vorbildet, dass er wohl möchte eine kleine Biblia heißen, darin alles aufs schönste und kürzeste, was in der ganzen Biblia stehet, gefasset, und zu einem feinen Enchiridion oder Handbuch gemacht und bereitet ist; dass mich dünkt, der Heilige Geist habe selbst wollen die Mühe auf sich nehmen und eine kurze Bibel und Exempelbuch von der ganzen Christenheit oder allen Heiligen zusammenbringen, auf dass, wer die ganze Biblia nicht lesen könnte, hätte hierin doch die ganze Summa, verfasset in ein klein Büchlein.*

Aber über das alles ist des Psalters edle Tugend und Art, dass andere Bücher gewiss viel von Werken der Heiligen rumpeln, aber gar wenig von ihren Worten sagen. Da ist der Psalter ein Muster, darin er auch so wohl und süße riecht, wenn man drinnen lieset, dass er nicht allein die Werke der Heiligen erzählet, sondern auch ihre Worte, wie sie mit Gott geredet und erbetet haben und noch reden und beten, so dass die andern Legenden und Exempel, wo man sie gegen den Psalter

---

[32] WA DB 6, 6,22–8,11. Vgl. WA 10/1, 1,8–18 (Ein kleiner Unterricht, was man in den Evangelien suchen und erwarten soll: Einleitung zur Wartburgpostille; 1522).

hält, uns schier eitel stumme Heilige vorhalten, aber der Psalter rechte wackere, lebendige Heilige uns einbildet. Es ist ja ein stummer Mensch gegen einen redenden schier als ein halbtoter Mensch zu achten. Und kein kräftiger, noch edler Werk am Menschen ist als Reden, weil der Mensch durchs Reden von andern Tieren am meisten geschieden wird, mehr als durch die Gestalt oder andere Werke.«[33]

Ergibt sich aus der grundlegenden Orientierung der Auslegung der gesamten Bibel an der paulinischen Theologie ein klares systematisches Profil, so verstellt diese Orientierung Luther keineswegs den Blick für die Vielfalt und den Formenreichtum der biblischen Bücher. Die heuristische Kraft dieser Orientierung ist enorm und lässt sich exemplarisch aus seinen Bibelvorreden ersehen[34]. Doch lässt sich seine Annahme, dass die Grundzüge der paulinischen Theologie allen biblischen Bücher zugrunde liegen und nur entdeckt werden müssen, in einer historisch-kritischen Sicht nicht halten. Luther ist denn auch im Umgang mit den verschiedenen biblischen Schriften und den zwischen ihnen bestehenden Spannungen so verfahren, dass er Sachkritik übte – von Paulus her besonders am Jakobusbrief, der „strohernen" Epistel[35], weil »*sie stracks wider St. Paulum und alle andre Schrift den Werken die Rechtfertigung gibt und spricht, Abraham sei aus seinen Werken gerechtfertigt worden, da er seinen Sohn opferte. So doch S. Paulus Röm 4 dagegen lehret, dass Abraham ohne Werke sei gerecht geworden, allein durch seinen Glauben, und beweiset das mit 1. Mose 15, ehe denn er seinen Sohn opferte. Ob nun dieser Epistel wohl könne geholfen und solcher Gerechtigkeit der Werke eine Glosse gefunden werden, kann man sie doch darin nicht schützen, dass sie den Spruch 1. Mose 15 (welcher allein von Abrahams Glauben und nicht von seinen Werken sagt, wie ihn S.Paulus Röm 4 anführet) doch auf die Werke zieht. Darum dieser Mangel schließt, dass sie keines Apostels sei.*«[36]

---

[33] WA DB 10/1, 99,20–100,14 (Zweite Vorrede auf den Psalter; 1528).

[34] Dazu JÖRG ARMBRUSTER, Luthers Bibelvorreden. Studien zu ihrer Theologie (AGWB 5), Stuttgart 2005.

[35] Vgl. ARMBRUSTER, aaO, S. 140–142. „Strohern", aus Stroh, ist der Jakobusbrief gemäß 1. Kor 3,12: aaO, S. 140 bei Anm. 535.

[36] WA DB 7, 385,9–18.

VI. Die Doppelfront: Enthusiasten und Judaisten

Ein durchgehender Zug der Paulusrezeption Luthers besteht darin, dass die Doppelfront des Apostels, der sich einerseits, in den Korintherbriefen, gegen den Enthusiasmus und andererseits, im Galaterbrief, gegen die Gesetzlichkeit richtet, von Luther aktualisiert und einerseits auf das Papsttum und andererseits auf die Spiritualisten und „Schwärmer" angewandt wird; beides kann von ihm im Vorwurf des Enthusiasmus zusammengezogen werden[37].

Das Ganze der Theologie Luthers konzentriert sich in die Devise: „Ihr seid zur Freiheit berufen!" (Gal 5,13) – zur Freiheit, wie sie sich aus der dargelegten Unterscheidung von Gesetz und Evangelium ergibt. So ist verständlich, dass Luther bei aller Hochschätzung und Auszeichnung des Römerbriefs das engste, ja intimste Verhältnis unter allen Paulusbriefen zum Galaterbrief hatte. »*Der Galaterbrief ist mein Epistelchen, dem ich mich vertraut habe* [d.h. mit dem ich verheiratet bin]; *er ist meine Käthe von Bora*«[38]. Er widmete dieser „Käthe von Bora" 1516 eine Vorlesung[39], 1519 einen Kommentar, den „Kleinen Galaterkommentar"[40], und 1531 eine große Vorlesung, die – von Luther selbst mit einem bemerkenswerten Vorwort versehen[41] – 1535 als Kommentar erschien. Dieser „Große Galaterkommentar" stellt zweifellos den Höhepunkt der Paulusrezeption Luthers dar; in ihm kommt das paulinische Erbe in unverwechselbarer Pointierung und Polemik reif zur Geltung. Hervorzuheben ist besonders Luthers Auslegung von Gal 3,13[42], welche auch in der modernen exege-

---

[37]   WA 50, 245b,1–247b,4 (Schmalkadische Artikel; 1536/1539).

[38]   WA TR 1, 69,18–20 (Nr. 146; 1531?).

[39]   WA 57/2, 5–108.

[40]   WA 2, 443–618.

[41]   WA 40/1, 33–688 und WA 40/2, 1–184. Zur Galaterbriefkommentierung Luthers insgesamt KARIN BORNKAMM, Luthers Auslegungen des Galaterbriefs von 1519 und 1531. Ein Vergleich (AKG 35), Berlin 1963.

[42]   WA 40/1, 432–452.

tischen Diskussion um das paulinische Verständnis des Versöhnungs-
geschehens rezipiert wird[43].

---

[43] Vgl. z.B. OTFRIED HOFIUS, Sühne und Versöhnung. Zum paulinischen Verständnis
des Kreuzestodes Jesu, in: DERS., Paulusstudien I (siehe Anm. 9), S. 33–49, hier S. 47
Anm. 46.

3. Teil: Die bleibende Aktualität von Luthers Rechtfertigungslehre

HANS-CHRISTIAN KAMMLER:

Thesen zur Gegenwartsrelevanz der Rechtfertigungslehre Luthers

I. Gegenwartsrelevanz und Wahrheit

1. Die Gegenwartsrelevanz von Luthers Rechtfertigungslehre kann einzig darin begründet sein, dass sie *wahr* ist.

1.1 Wahr sein kann hier nichts anderes meinen als der „Wahrheit des Evangeliums" (Gal 2,5.14) entsprechen bzw. diese Wahrheit zur Sprache bringen und begrifflich entfalten.

1.2 Die Wahrheit der Rechtfertigungslehre Luthers liegt also in ihrer „Biblizität", d.h. in ihrer Schriftgemäßheit.

1.3. Mit seiner Rechtfertigungslehre erhebt Luther den Anspruch, der Rechtfertigungslehre des Paulus zu entsprechen. Nach meinem Urteil tut er dies zu Recht!

1.3.1 Paulus selbst bringt mit seiner Rechtfertigungslehre das Evangelium auf den Begriff bzw. auf den Punkt – in Spruch und Gegenspruch, in Position und (polemischer) Negation. – Nichts anderes tut Luther in einer veränderten geschichtlichen Situation.

1.3.2 Was Jesus im Gleichnis vom verlorenen Sohn (Lk 15,11–32) *erzählt*, das bringt Paulus in seiner Rechtfertigungslehre auf den *theologischen Begriff*.

1.3.2.1 Die Wahrheit von Lk 15 ereignet sich am Kreuz; die Bedeutung des Kreuzes entfaltet Paulus in seiner Kreuzestheologie.

1.3.2.2 Die paulinische Kreuzestheologie sucht Luther in veränderter Situation aufs Neue zur Geltung zu bringen: „CRUX sola est

nostra theologia." / „Das Kreuz allein ist unsere Theologie."
(WA 5, 176,32 f.) Er sagt damit in der Sache nichts anderes als
Paulus in 1. Kor 2,2: „Ich war entschieden, unter euch nichts
anderes zu wissen als Jesus Christus – und zwar den
gekreuzigten."

2. Die Wahrheit und mit ihr die Gegenwartsrelevanz der
Rechtfertigungslehre Luthers liegen darin, dass diese Lehre ans
Licht bringt, d.h. enthüllt und offenbar macht, wer *der Mensch
vor Gott* und wer *der dem Menschen begegnende Gott* ist.

2.1 Der Mensch ist *coram Deo*, d.h. vor dem heiligen Gott,
abgrundtief verloren:

2.1.1 er ist Sünder, Feind Gottes und als solcher in der Abkehr von
Gott befindlich;

2.1.2 er ist der Rechtfertigung vor Gott bedürftig, zu dieser
Rechtfertigung aber schlechterdings unfähig

2.1.3 und also ganz und gar auf Gottes freies, weil ungeschuldetes
Erbarmen angewiesen.

2.2 Der Gott, dem der Mensch verantwortlich ist, vor dem er
unweigerlich steht und vor dem er doch nicht bestehen kann,
ist der *heilige*, dem Menschen aber aus *Liebe* und freiem
ungeschuldeten *Erbarmen* zugewandte Gott;

2.2.1 er ist dies in seinem Sohn *Jesus Christus*,

2.2.1.1 der das uns heilvoll zugewandte Angesicht Gottes ist („ein
Spiegel des väterlichen Herzens, außer welchem wir nichts
sehen denn einen zornigen und schrecklichen Richter" [BSLK
660,42–44])

2.2.1.2 und der – durch seinen Kreuzestod und seine Auferstehung –
die für uns unüberbrückbare Kluft zwischen dem heiligen Gott
und uns sündigen Menschen ein für allemal überwunden und
uns so das ewige Leben (= die heilvolle Gottesgemeinschaft)
eröffnet hat.

II. Das Thema der Theologie

3.   Das bleibende Verdienst der Rechtfertigungslehre Martin
        Luthers liegt darin, dass er mit dieser Lehre der christlichen
        Theologie ihr *Thema* wiedergegeben hat:

3.1   das sich „in Christus" – dem Mensch gewordenen Gott und der
        Liebe Gottes in Person – ereignende *Rechtfertigungs- und
        Befreiungsgeschehen*, welches der dreieinige Gott: der Vater, der
        Sohn und der Heilige Geist, am Menschen „allein aus Gnade",
        „allein im Glauben" und also – wie schon die Schöpfung der
        Welt als „Schöpfung aus dem Nichts" (creatio ex nihilo) – „ohn'
        all mein Verdienst und Würdigkeit" vollzogen hat und
        vollzieht.

3.2   „Das eigentliche Thema der Theologie ist der schuldige und
        verlorene Mensch und der rechtfertigende und rettende Gott.
        Was außerhalb dieses Gegenstandes in der Theologie gesucht
        oder disputiert wird, ist Irrtum und Gift."

        „Cognitio dei et hominis est sapientia divina et proprie theologica,
        Et ita cognitio dei et hominis, ut referatur tandem ad deum
        iustificantem et hominem peccatorem, ut proprie sit subiectum
        Theologiae homo reus et perditus et deus iustificans vel salvator.
        Quicquid extra istud argumentum vel subiectum quaeritur, hoc
        plane est error et vanitas in Theologia."
        (Ennaratio Psalmi 51 [1532], WA 40/2, 327,11–328,3 zu Ps 51,2)

III. Rechtfertigung und Theologie

4.   Eine der „Wahrheit des Evangeliums" entsprechende
        Theologie wird man daran erkennen, dass sie in ihrem Denken
        und Reden um das Rechtfertigungsgeschehen kreist und dieses
        in der Begegnung mit den Fragen und Nöten der Gegenwart
        zur Sprache zu bringen und zu verantworten sucht.

5. Eine an Luthers Rechtfertigungslehre orientierte Theologie wird ihr Erkennungszeichen auch darin haben, dass sie – zur Wahrung des „Christus allein" (*solus Christus*) und des „aus Gnade allein" (*sola gratia*) – im Blick auf das *sola fide* mit Nachdruck herausstellt, dass der rechtfertigende Glaube nicht Werk des Menschen ist, sondern Werk und Gabe Gottes *am* Menschen, durch das dieser allererst zu einem im Glauben freien, weil nicht mehr von der Sünde versklavten Menschen wird.

5.1 Von einer dem Menschen angeblich frei stehenden Glaubensentscheidung wird eine der Rechtfertigungslehre Luthers und damit der „Wahrheit des Evangeliums" verpflichtete Theologie und Verkündigung deshalb *nicht* reden.

5.2 Sie wird vielmehr *die Entscheidung Gottes für den Menschen* bezeugen und gedanklich entfalten, die in der Menschwerdung, dem Kreuzestod und der Auferstehung Jesu Christi über uns gefallen ist, längst ehe wir geboren waren.

6. Der Horizont, vor dem Luther – in der Nachfolge des Paulus – seine Rechtfertigungslehre entwickelt, ist der des *Jüngsten Gerichts*, auf das wir alle zugehen und in dem wir alle vor Gott über unser Leben werden Rechenschaft geben müssen.

6.1 Ohne diesen Gerichtshorizont verliert die Rechtfertigungslehre ihren *Ernst* und ihren *Trost* – heute nicht anders als zur Zeit des Paulus und zur Zeit Luthers.

6.2 Es gehört zu den großen Herausforderungen und Aufgaben der Theologie und der kirchlichen Verkündigung, diesen unaufgebbaren Horizont in angemessener Weise zur Sprache zu bringen, so dass der Trost des Evangeliums nicht verdunkelt wird, sondern im Gegenteil zum Leuchten kommt.

6.2.1 Vom Gericht wird dann angemessen gesprochen, wenn die Rede von Christus als „Erlöser" durch die Rede von Christus als „Richter" nicht problematisiert, sondern zur Geltung gebracht wird. Denn der *Trost* des Evangeliums liegt im Blick auf den *Ernst* des Jüngsten Gerichts darin, dass es uns sagt, dass der Richter mit dem Erlöser identisch ist, der ewig für uns eintritt (Röm 8,31–39) und den wir als Christen schon heute im Glauben als unseren Herrn und Heiland erkennen und bekennen.

IV. Luthers Aktualität

7.   Luther unterscheidet in seiner Rechtfertigungslehre zwischen „Person" und „Werk" und sagt, dass der rechtfertigende Gott uns nicht auf unsere Taten festlegt – jetzt nicht und am Jüngsten Tag nicht.

7.1   In der heutigen „Leistungsgesellschaft" geht es – anders als zur Zeit der Reformation – bei unseren Leistungen und Werken (zumindest vordergründig) nicht um unsere Rechtfertigung *vor Gott*, sondern um unsere Rechtfertigung und unser „Ansehen" (und unser „Angesehenwerden") *vor anderen* und *vor uns selbst*.

7.1.1   Freilich kann es auch hier um Letztes gehen: um Sein oder Nichtsein, um das Gelingen und Scheitern unseres Lebens und insofern um Leben und Tod.

7.1.2   Insofern verbirgt sich hinter der Frage und der Suche nach dem Sinn des Lebens unterschwellig Luthers ungleich bestimmtere Frage nach dem gnädigen Gott, vor dessen Angesicht der Mensch stehen und bestehen kann.

7.2   In der veränderten gesellschaftlichen und geistigen Situation unserer Zeit, die insbesondere durch einen enormen Druck zur Effizienzsteigerung gekennzeichnet ist, kann Luthers Unterscheidung von Person und Werk der tröstliche Gedanke entnommen werden, dass der Mensch mehr ist als die Summe seiner Taten und Untaten (Eberhard Jüngel).

7.2.1   Freilich kommt dann alles darauf an, dieses „Mehr" theologisch angemessen zu begründen.

7.2.1.1 Dieses „Mehr" gilt einzig und allein „durch und in Christus", d.h. auf Grund des unvordenklichen göttlichen Heils- und Erlösungswerkes – und nicht unabhängig davon.

7.2.1.2 Ohne das Handeln Gottes in Christus bliebe der Mensch auf seine Taten und also auf sein Sündersein festgelegt – und wäre vor Gott ewig verloren.

7.2.1.3 Dieser negative Satz muss gesagt werden, damit die das Evangelium bezeugende und sichernde Rechtfertigungslehre nicht zu einer religiösen Allerweltsweisheit wird, die sich von selbst und also auch ohne Christus versteht.

7.2.1.3.1 Dann träte nämlich an die Stelle des anbetenden Staunens über das Wunder der Zuwendung Gottes in Christus und damit über den Gott, der die Liebe ist (1. Joh 4,8.16), die billige, weil verharmlosende und nicht selten kitschige Rede vom „lieben Gott", den man getrost einen „guten Mann" sein lassen kann.

7.2.1.3.2 Dann träte ein sich für christlich haltender Aberglaube und Unglaube an die Stelle des wahren und allein rechtfertigenden Glaubens, der als solcher Glaube an Jesus Christus – *fides Jesu Christi* – ist.

4. Teil: Fallstudien – die Probe auf's Exempel

HANS-CHRISTIAN KAMMLER & URS CHRISTIAN MUNDT:
„Ins Angesicht widerstehen" – Die Verteidigung der „Wahrheit des Evangeliums" im antiochenischen Konflikt (Gal 2,11–21)

I. Explikation der Fragestellung

(Hans-Christian Kammler)

1. Was veranlasst Paulus in Gal 2,11–21 dazu, angesichts der aktuellen galatischen Konfliktsituation so ausführlich auf den antiochenischen Zwischenfall zu sprechen zu kommen?

2. Was versteht Paulus unter der „Wahrheit des Evangeliums" (Gal 2,5.14), die er in Antiochien Petrus gegenüber so kompromisslos verteidigt hat?

3. Was meint der Apostel mit dem Syntagma ἔργα νόμου, und warum bestreitet er in ganz grundsätzlicher Weise die Möglichkeit einer Rechtfertigung ἐξ ἔργων νόμου (2,16)?

4. Wie ist die rechtfertigungstheologische Fundamentalaussage des Paulus zu deuten, dass dem Menschen die Rechtfertigung und also das Heil einzig im Glauben an Jesus Christus zuteil wird (2,16)?

5. Was besagt die äußerst knappe Feststellung, dass ich „durch das Gesetz dem Gesetz gestorben" bin (2,19)?

II. Ertragsprotokoll der Arbeitseinheit Gal 2,11–21

(Urs Christian Mundt)

Der Abschnitt Gal 2,11–21 ist Teil des ersten Briefteils, in welchem Paulus sich als Apostel vorstellt, indem er sein Evangelium entfaltet. Zwischen diesem und dem „Evangelium Christi" (1,7) kennt er keinen Unterschied. Er beansprucht für sich, keine „menschliche Lehre" (1,11) zu verkündigen, sondern das „durch eine Offenbarung Jesu Christi" (1,12) empfangene Evangelium, also nichts weniger als die „Wahrheit des Evangeliums" (2,5.14) selbst. Angesichts der Verwirrung der galatischen Gemeinde durch andere Missionare (1,6 f.; 4,9 f.; 6,13) sieht sich Paulus jedoch genötigt, seine Evangeliumsverkündigung durch den Verweis auf seine Apostolizität zu bewahrheiten (1,15 f.) und sodann ausdrücklich in den Kontext der Konflikte mit konkurrierenden Missionaren zu stellen, um die Pointe dieses Evangeliums zur Geltung zu bringen. Zu diesen Konflikten gehören zum einen der Streit im Vorfeld des Apostelkonzils (2,1–10) und zum anderen der antiochenische Konflikt, wie er zu Beginn des Abschnitts, der uns beschäftigt, vorgestellt wird.

V. 11–14: Mit der Thematisierung des antiochenischen Konfliktes vor dem Hintergrund der Verführung der Galater zu einem „anderen Evangelium" (1,6) vollzieht sich bei Paulus eine Horizontverschmelzung der beiden Konflikte: In Galatien geht es theologisch um nichts anderes als im Streit mit Petrus in Antiochia. Gegen Petrus und die „Irrlehrer" macht Paulus jeweils deutlich, dass das in Christus geschenkte Heil an keine Bedingungen geknüpft ist, also auch nicht an eine jüdische Lebensweise (V. 14), womit im galatischen Konflikt die Beschneidung gemeint ist (5,2–3.11–12; 6,13), im Konflikt mit Petrus hingegen das Einhalten jüdischer Speisevorschriften (vgl. Apg 11,3–10). Ob die Rede gegen Petrus (V. 14–21) historisch ist, ist für die Eruierung der theologischen Aussageabsicht sekundär. Sachlich steht für Paulus sowohl im galatischen als auch im

Konflikt mit Petrus dasselbe auf dem Spiel, nämlich das Evangelium. Was Paulus mit den Worten von V. 15–21 Petrus gesagt hat oder gesagt haben will, gilt deshalb nicht weniger den Galatern. Beide haben sich der „Heuchelei" (vgl. V. 13) schuldig gemacht, die in der dogmatischen oder performativen Behauptung besteht, dass das in Christus geschenkte Heil an die Erfüllung von Bedingungen durch den Beschenkten geknüpft ist. So sieht Eberhard Jüngel im Streit zwischen Paulus und Petrus nicht weniger als die „Geburtsstunde evangelischer Theologie"[1].

V. 15: Paulus formuliert hier das jüdische Selbstverständnis, das vor Damaskus auch sein eigenes war, um dieses sodann (V. 16) auf den Kopf zu stellen. Die Juden leben kraft ihres Erwähltseins im Sinne der Tora des Mose, während die Heiden definitionsgemäß ἁμαρτωλοί sind, weil sie nicht zu diesem Volk gehören. Paulus thematisiert dieses theologisch überwundene Selbstverständnis, um dem möglichen Einwand zuvorzukommen, dass auch der Eifer seiner Rede letztlich von einer im Glauben an die exklusive Erwähltheit der Juden begründeten Arroganz gegenüber den Heiden lebt – trotz der Polemik gegen das ἰουδαΐζειν (V. 14). Mit der anschließenden Argumentation will er zeigen, warum das Sündersein der Heiden kein Kriterium mehr für ihre Unterscheidung von den Juden darstellt.

V. 16: Mit εἰδότες („da wir erkannt haben") wird eine *assertio* eingeleitet, die eine vollkommene Antithese zu V. 15 darstellt. Die Behauptung ist für die Theologie des Paulus so zentral, dass man sie auf der Ebene der Interpretationssprache mit Recht als Lehre bezeichnen kann, nämlich die paulinische „Rechtfertigungslehre" (vgl. die anderen prägnanten Formulierungen dieser Lehre: Röm 3,21–28 und Phil 3,9). Es handelt sich also nicht um ein zufälliges, der Situation in Galatien geschuldetes Argument, sondern um ein Theologumenon, ohne das das ganze Denken des

---

[1] EBERHARD JÜNGEL, Das Evangelium von der Rechtfertigung des Gottlosen als Zentrum des christlichen Glaubens. Eine theologische Studie in ökumenischer Absicht, Tübingen 1998, S. 2.

Paulus schlechthin unverständlich und nicht rekonstruierbar ist. Es lautet: Οὐ δικαιοῦται ἄνθρωπος ἐξ ἔργων νόμου ἐὰν μὴ διὰ πίστεως Ἰησοῦ Χριστοῦ. „Der Mensch wird gerecht nicht aus Werken des Gesetzes, sondern durch den Glauben an Jesus Christus." Die Frage nach dem δικαιοῦσθαι meint dabei nicht nur den Empfang der Gerechtigkeit im juridisch-forensischen Sinne – eine Engführung, die das Wort „Gerechtigkeit" nahelegt –, sondern die Erlangung des Heils im umfassenden Sinne.

Dieses Heil besteht darin, dass Gott den Menschen von seiner Schuld – das ist der Fluch, der durch die Sünde auf ihm lastet (3,10) – freispricht, nämlich durch die stellvertretende Fluchübernahme (3,13) und Lebenshingabe (2,20) Jesu Christi. In dieser Weise spitzt Paulus in Gal 3,13 die kreuzestheologische Grundlegung seiner Soteriologie zu: „Christus hat uns erlöst von dem Fluch des Gesetzes, da er ward ein Fluch für uns." Dabei ist κατάρα in V. 13b metonymisch zu verstehen. Die Stelle meint, dass Christus von Gott „unter das Gesetz (ὑπὸ νόμον) getan" (4,4) wurde und damit auch ὑπὸ κατάραν (3,10). Denn für Paulus gibt es kein Leben unter dem Gesetz, das nicht gleichzeitig unter dem Fluch ist. Erst durch den, „der Sünde nicht kannte", aber von Gott „für uns zur Sünde gemacht" (2. Kor 5,21) wurde, erst durch diesen Vorgang personaler Stellvertretung wurde der Mensch erlöst.

Mit καὶ ἡμεῖς betont Paulus, dass „auch wir Judenchristen" Anteil an diesem Heil haben und „gerechtfertigt werden aus Glauben". Denn ebenso gilt: ἐξ ἔργων νόμου οὐ δικαιωθήσεται πᾶσα σάρξ (vgl. Ps 142,2 LXX: οὐ δικαιωθήσεται ἐνώπιόν σου πᾶς ζῶν). Hier wird deutlich, warum V. 16 eine Antithese zu V. 15 darstellt: Erstens gibt es auch für Judenchristen nur einen Weg, das Heil zu erlangen, nämlich durch den Glauben an Jesus Christus (vgl. 3,26–28). Zweitens steht für Paulus fest, dass kein Mensch aus Werken des Gesetzes gerecht wird. Nach Paulus ist in Jesus Christus offenbar geworden, dass kein Mensch fähig ist, das vom Gesetz (genauer: von der Sinaitora) Geforderte, zu erfüllen, mehr noch: dass kein Mensch *jemals* fähig dazu war. Im Kreuzestod Christi haben sich alle, Juden wie Nicht-Juden, als Sünder erwiesen (vgl. Röm 1,18 – 3,20). Daher eignet sich ἁμαρτωλοί nicht mehr als sprichwörtliche Bezeichnung für die Heiden. Von Christus her, also im Rückblick, erschließt sich für Paulus, dass das

Gesetz immer schon von Gott gegeben war, um die Sünde aufzudecken (3,19.24; vgl. Röm 3,20 und 7,7). Umgekehrt gilt, dass der, der im Geist lebt, nicht unter dem Gesetz ist (5,18). Gegen Missverständnisse ist hier zu sagen, dass es Paulus um den *objektiven* Sündenaufweis geht. Die paulinische Vorstellung vom Gesetz als Indikator der Sünde geht also nicht restlos im lutherischen *usus elenchticus legis* auf, der theologiegeschichtlich oft von subjektivistischen Engführungen bedroht war.

Wenn die Werke des Gesetzes nicht die Vorbedingung für die Partizipation am Heil sind, so will Paulus mit den Ausdrücken διὰ πίστεως und ἐκ πίστεως nicht etwa aufzeigen, welches Menschenwerk Gott stattdessen fordert. Der „Glaube" ist nicht Werk, sondern gewissermaßen der durch den Heiligen Geist gewirkte Modus des Heilsempfangs (vgl. 1. Kor 12,3), vermittelt über die ἀκοὴ πίστεως, „die Verkündigung des Glaubens" (3,2.5). Es besteht kein Zweifel daran, dass es für Paulus keinen Weg zum Heil ohne den Glauben an Jesus Christus gibt. Trotzdem ist durchaus unklar, wie die strenge Opposition von ἔργα νόμου und πίστις präzise gemeint ist. Im Hinblick auf die Bedeutung des Syntagmas ἔργα νόμου ergeben sich mehrere in der Exegese sehr umstrittene Fragen: Meint es die konkrete Erfüllung einzelner Gebote der Tora oder eine Lebenshaltung des Menschen? Sieht Paulus die ἔργα νόμου in einem prinzipiellen oder bloß faktischen Gegensatz zum Glauben? Ist das ἐὰν μή in V. 16a streng adversativ („sondern allein") oder exzeptiv („wenn nicht"/„außer wenn") zu verstehen? So viel zumindest kann festgehalten werden:

1.) Durch die Macht der Sünde ist die Existenz ὑπὸ νόμον für Paulus immer auch eine Existenz ὑπὸ κατάραν. Paulus lässt keinen Zweifel daran, dass es ihm hier um eine generelle anthropologische Einsicht zu tun ist, wenn er am Ende von V. 16 betont, dass πᾶσα σάρξ der Gerechtigkeit ermangelt (vgl. Röm 3,10 f.). Dies spricht für eine adversative Übersetzung des ἐὰν μή.

2.) Die Macht der Sünde besteht für Paulus nicht in der Absicht, das Gesetz überhaupt irgendwie erfüllen zu wollen. Denn Toraobservanz ist an sich (!) löblich. Anders gesagt: ἔργα νόμου ist keine Metapher für die Sünde, verstanden als Existenzial wie bei Bultmann. Das Problem ist nicht die Intention, das Gesetz überhaupt erfüllen zu wollen, sondern, dass niemand es vermag, das Gesetz *ganz* zu erfüllen (vgl. 3,10 u. 5,3). Der Ausdruck ἔργα νόμου ist daher nicht von vornherein pejorativ, so als wolle die Tora des Mose den Menschen immer schon zu Werkgerechtigkeit verleiten. Dass dies faktisch dennoch immer passiert, ist für Paulus in der Sünde begründet, nicht im Gesetz.

3.) Auch wenn das Syntagma ἔργα νόμου im Hinblick auf seinen Sitz im Leben sowie seine Lokalisierung im theologischen (natürlich interpretationssprachlich zu rekonstruierenden) System des Paulus schwer zu bestimmen ist, so ist doch eindeutig, dass bei Paulus der νόμος (die Tora des Mose) wegen der Sünde faktisch und prinzipiell niemals Heilsweg für den Menschen war.

V. 17: Mit diesem Satz reagiert Paulus wahrscheinlich auf Einwände von jüdischer und judenchristlicher Seite. Beim Konditionalsatz (εἰ ... εὑρέθημεν) handelt es sich um einen Realis. Es steht für Paulus außer Frage, dass vor Jesus Christus alle als Sünder erfunden *sind*. Das Anstößige für die Gegner besteht darin, dass καὶ αὐτοί, also „auch wir selbst [die wir Judenchristen sind]" (vgl. καὶ ἡμεῖς in V. 16) mit dazu gezählt werden, womit noch einmal die Überwindung des jüdischen Selbstverständnisses gemäß V. 15 belegt ist. Ist es diese substanzielle Erhöhung der Zahl der Sünder in der Welt, die Christus als ἁμαρτίας διάκονος erscheinen lassen? Auch wenn diese crux interpretum nicht mit letzter Sicherheit geklärt werden kann, so ist es doch wahrscheinlicher, dass der Einwand der Gegner, auf den Paulus hier reagiert, darin bestanden hat, dass der paulinische Christus Beliebigkeit und Gesetzlosigkeit befördere, weil es auf die Gerechtigkeit aus Gesetzeswerken nicht mehr ankommt.

V. 18: In einem negativen (V. 18) und einem positiven Argumentationsschritt (V. 19–21) bekämpft Paulus den Einwand. Die Argumente lauten: Der Christ sündigt nicht mehr, weil er ganz aus Glauben lebt, weil Christus in ihm lebt (V. 20). Sündigen würde er nur, wenn er sich das alte Gesetzesverständnis, wonach die Tora möglicher Heilsweg ist, wieder zu eigen machte, das heißt, wenn er aus dem Gesetz statt aus Christus lebte (V. 18). Christus kann nach paulinischem Verständnis also deshalb kein Diener der Sünde sein, weil die Macht der Sünde im Christen durch Christus besiegt ist – womit schon deutlich wird, dass Paulus ein realdialektisches Zugleich von Sündersein und Gerechtersein nicht kennt. Der Glaube an Christus und das alte Gesetzesverständnis schließen sich für Paulus aus. Dieses (ταῦτα) ist es denn wohl auch, was Paulus „niedergerissen" hat. Ταῦτα meint also nicht etwa die Sünde, wie Luther und Calvin angenommen haben.

V. 19 f.: Es ist für Paulus ausgeschlossen, wieder im Gesetz seine Gerechtigkeit zu suchen, weil er διὰ νόμου νόμῳ (durch die Sinaitora der Sinaitora) gestorben ist. Der Empfang des Heils, das θεῷ ζῆν, setzt das Sterben des alten Menschen voraus (vgl. Röm 6,6). Zum Sterben durch das Gesetz kommt es dadurch, dass der Sünder nicht aus ihm zu leben vermag und stattdessen den Fluch auf sich zieht (vgl. 3,10–12). Das Sterben des alten Menschen ist jedoch ein verborgenes (vgl. Kol 3,3), insofern es durch die Fluchübernahme Christi (Gal 3,13) für alle Sünder stellvertretend schon geschehen ist. Doch ist der aktuelle Nachvollzug dieses Sterbens (συσταυροῦσθαι) und Lebens in der Gemeinschaft mit Christus keineswegs weniger real. Denn der Christ existiert für Paulus vollkommen exzentrisch, weil er durch den Glauben allein auf Christus ausgerichtet ist. Dies führt zu der Spitzenformulierung: „Nicht ich lebe, sondern Christus lebt in mir." Jesus Christus ist die einzige Wirklichkeit im Leben des Christen. Selbst die σάρξ als ein dem geistlichen Leben widerstreitendes Prinzip ist nun wirkungslos (vgl. 5,16–18 und 6,8). Das fleischliche Leben des Christen steht ganz im Dienst des geistlichen, des Lebens im Glauben an den Sohn Gottes. Den Raum des alten Ich hat nun Christus eingenommen.

V. 21: Paulus schließt den Gedankengang des zweiten Kapitels ab, indem er gegen Petrus noch einmal betont, dass sich die δικαιοσύνη διὰ νόμου und das Geltenlassen der zuteilgewordenen Gnade Gottes im Christusgeschehen gegenseitig ausschließen. Wenn schon die Sinaitora Heil hätte bringen können, dann wäre Christus „ohne Grund" (δωρεάν) gestorben. Der Christ lebt nach Paulus allein aus Gnade.

Die obige Auslegung von Gal 2,11–21 hat die „Rechtfertigungslehre" als die Mitte der paulinischen Theologie erwiesen. Insofern darf man Martin

Luther ohne Umschweife zugestehen, die entscheidende theologische Pointe des Paulus verstanden und richtig wiedergegeben zu haben. Die Tatsache, dass Luther kein ausgeprägtes historisches Bewusstsein hatte und seine Exegese daher im Detail als durch die Erkenntnisse der modernen Paulusexegese vielfach überholt betrachtet werden muss, tut dieser Wahrheit keinen Abbruch. So kann der lutherische Exeget beispielsweise ohne weiteres zugestehen, dass das, was Luther mit den „Werken des Gesetzes" meint, durchaus nicht gleichbedeutend ist mit den ἔργα νόμου bei Paulus. Die „Werke des Gesetzes" bei Luther sind immer nur Stückwerk im schlechten Sinne, können also dem universalen Gesetz nicht gerecht werden. Insofern sind die „Werke des Gesetzes" gerade keine Werke des Gesetzes, weil das Gesetz solange nicht getan wird, wie es nicht ganz getan wird. Das sagt zwar auch Paulus (vgl. 3,10), aber anders als bei ihm meint der lutherische Ausdruck nur die *vermeintlichen* „Werke des Gesetzes" – vermeintlich, weil sie nicht von Herzen getan werden[2], oder anders: weil eben doch gegen das Entscheidende, nämlich das erste Gebot verstoßen wird[3]. Bei Luther sind die „Werke des Gesetzes [...] vor Gott Sünde und gar keine wahren Gesetzeswerke"[4], also per definitionem schädlich und böse. Was der paulinische Ausdruck genau meint, ist, wie gesagt, höchst umstritten. In keinem Fall jedoch hat er den abwertenden Klang wie bei Luther. Problematisch sind die ἔργα νόμου bei Paulus nicht etwa deshalb, weil es sich hierbei nicht um eine wenigstens teilweise Erfüllung der Tora handelt, sondern weil der Mensch aus ihnen sein und leben will. Solche unter der Hand sich einschleichenden Äquivokationen von gleichlautenden, aber semantisch nicht deckungsgleichen quellen- und interpretationssprachlichen Begriffen können jedoch der Richtigkeit der Einsicht Luthers in die theologische Grundintention des Paulus schwerlich etwas anhaben.

---

[2] Vgl. MARTIN LUTHER, Kommentar zum Galaterbrief – 1519 (CLA 10), Gütersloh 1979, S. 88.

[3] Vgl. MARTIN LUTHER, Erklärung zum ersten Gebot im Großen Katechismus, in: BSLK 560–572.

[4] Vgl. MARTIN LUTHER, Kommentar zum Galaterbrief – 1519, S. 88 und 90.

III. Quintessenz und weiterführende Literaturempfehlungen

(Hans-Christian Kammler)

Im Blick auf die eingangs formulierten Fragen ist festzuhalten:

1. Paulus begreift den aktuellen galatischen Konflikt in Analogie zum antiochenischen Zwischenfall. Deshalb ruft er in Gal 2,14–21 bewusst jene Rede in Erinnerung, mit der er in Antiochien Petrus entgegengetreten war, spitzt diese aber zugleich im Blick auf die konkrete galatische Situation zu. In beiden Fällen – in Galatien wie in Antiochien – steht für den Apostel nicht weniger als „die Wahrheit des Evangeliums" und also das Evangelium selbst auf dem Spiel. Von daher erklärt sich die Leidenschaftlichkeit und die theologische Grundsätzlichkeit seiner Ausführungen.

2. Mit dem Ausdruck „die Wahrheit des Evangeliums" (Gal 2,5.14) bezeichnet Paulus den *Inhalt* des Evangeliums als des aller menschlichen Predigt vorgegebenen Wortes Gottes. Da dieser Inhalt zuerst und fundamental *christologisch* bestimmt ist, geht es um Jesus Christus und das in ihm beschlossene Heil im Sinne der soteriologischen Exklusivität des *solus Christus crucifixus*. Insofern sowohl das *sola gratia* als auch das *sola fide* essentielle Implikationen des *solus Christus* sind, ist die paulinische Rechtfertigungslehre als notwendige Konsequenz der „Wahrheit des Evangeliums" zu begreifen.

3. Unter den ἔργα νόμου (Gal 2,16) versteht Paulus nicht etwa nur, wie manche Vertreter der „New Perspective on Paul" postulieren, die sog. „boundary markers" (also: Beschneidung und bestimmte rituelle Speisevorschriften), sondern ganz umfassend den *vollkommenen Toragehorsam*. Dass nach dem Urteil des Paulus kein Mensch „auf Grund von Gesetzeswerken" gerechtfertigt, d.h. des ewigen Heils teilhaftig wird, hat seinen Grund darin, dass es den „Täter des Gesetzes" (Röm 2,13) *post lapsum* prinzipiell nicht gibt noch geben kann. Die der Tora von Gott verliehene Funktion besteht entsprechend nach Paulus nicht darin, dem Menschen

das Heil zu eröffnen oder ihn im Raum des Heils zu bewahren, sondern darin, seine Sündhaftigkeit und Gottlosigkeit *objektiv* aufzuweisen. In der Tora hält der Mensch gleichsam das göttliche Todesurteil in der Hand.

4. Wenn die paulinische Rechtfertigungslehre positiv erklärt, dass dem Menschen das Heil einzig im Glauben an Jesus Christus zuteil wird (Gal 2,16), so ist der Glaube nicht als die vom Menschen ins Werk zu setzende *Bedingung* der Rechtfertigung verstanden, sondern als der von Gott selbst durch die heilvolle Macht des Evangeliums gewirkte *Modus* der Heilsteilhabe. Die rechtfertigende Kraft des Glaubens liegt einzig in seinem Inhalt begründet, d.h. in dem, auf den sich der Glaube bezieht bzw. auf den der Glaubende vertraut: Jesus Christus, der Sohn Gottes. Im Akt inkludierender Stellvertretung hat sich der ewige Gottessohn mit dem sündigen und also in der Abkehr von Gott befindlichen Menschen identifiziert und ihm durch seine Selbsthingabe am Kreuz und seine Auferstehung das ewige Leben in der Gottes- und Christusgemeinschaft eröffnet.

5. Wenn Paulus in Gal 2,19 in äußerster Kürze formuliert, dass ich „durch das Gesetz dem Gesetz (Dativus incommodi) gestorben" bin, so ist gemeint: Indem Christus sich am Kreuz mit dem Sünder identifiziert und stellvertretend den Fluchtod auf sich nimmt, den die Tora rechtens über den Sünder und nun auch über ihn – den von Gott zur Sünde Gemachten – verhängt (2. Kor 5,21; Gal 3,13; 4,4 f.), ist der an den Sohn Gottes Glaubende mit Christus gekreuzigt und in ihm, dem für ihn Gekreuzigten und Auferstandenen, von dem Fluch, den das Gesetz über den Sünder ausspricht, befreit (2. Kor 5,14 f.). Die Anklage der Tora kann den Glaubenden auf Grund des ihn heilvoll einschließenden Christusgeschehens nicht mehr treffen.

Weiterführende Literaturempfehlungen von Hans-Christian Kammler

GERHARD EBELING, Die Wahrheit des Evangeliums. Eine Lesehilfe zum Galaterbrief, Tübingen 1981, S. 152–209.

HANS-JOACHIM ECKSTEIN, Verheißung und Gesetz. Eine exegetische Untersuchung zu Galater 2,15 – 4,7 (WUNT 86), Tübingen 1996, S. 3–81.

OTFRIED HOFIUS, „Die Wahrheit des Evangeliums". Exegetische und theologische Erwägungen zum Wahrheitsanspruch der paulinischen Verkündigung, in: DERS., Paulusstudien II (WUNT 143), Tübingen 2002, S. 17–37.

OTFRIED HOFIUS, „Werke des Gesetzes". Untersuchungen zu der paulinischen Rede von den ἔργα νόμου, in: DERS., Exegetische Studien (WUNT 223), Tübingen 2008, S. 49–88.

FRANZ MUSSNER, Der Galaterbrief (HThK IX), Freiburg – Basel – Wien ⁵1988, S. 132–204 (Neuauflage 2002).

Hans-Christian Kammler & Jonathan Kühn:
„Christus – zum Fluch geworden für uns" (Gal 3,1–14)

I. Explikation der Fragestellung

(Hans-Christian Kammler)

1. Wie ist der Text Gal 3,1–14 strukturiert bzw. wie verläuft die theologische Argumentation des Paulus?

2. Welchen Sinn hat die Antithese ἐξ ἔργων νόμου / ἐξ ἀκοῆς πίστεως (Gal 3,2.5)?

3. Wie versteht Paulus die beiden – die Argumentation von Gal 3,6–9 tragenden – Schriftzitate Gen 15,6 und Gen 12,3?

4. Wie ist das den gesamten Textzusammenhang durchziehende Antonym „Segen" / „Fluch" zu deuten, und was meint die Rede vom „Fluch des Gesetzes", von dem uns Christus befreit hat?

5. Wie ist die christologisch-soteriologische Spitzenaussage von Gal 3,13 zu verstehen?

II. Ertragsprotokoll der Arbeitseinheit Gal 3,1–14

(Jonathan Kühn)

Nach dem Antiochenischen Konflikt verhandelt Paulus im 3. Kapitel seines Galaterbriefes auf theologisch grundsätzliche Weise den Galatischen Konflikt. Die Verkündigung des gekreuzigten Christus hatte vermittels des Heiligen Geistes Glauben geweckt und gerechtfertigt; zwischenzeitlich war in den galatischen Gemeinden aber eine judaistische Tendenz aufgekommen, die das Heil in der Verbindung von Christusglaube *und* Toragehorsam (Beschneidung etc.) wähnte. Paulus schilt daraufhin die Galater als „Unverständige" und „Bezauberte" bzw. „Verhexte" (3,1) – der Abschnitt 3,1–5 mutet geradezu wie eine Anklageschrift an – und erklärt, die Rechtfertigung des gottlosen Sünders geschehe einzig und allein durch den Glauben an Jesus Christus. Der Apostel rekurriert dabei auf Gen 15,6: die erste Bibelstelle, die explizit von „Glauben" und „Gerechtigkeit" in einem Atemzug und Zusammenhang spricht. Dieser Glaube sei stets Wirkung der göttlichen *promissio* gewesen und bedürfe keiner Ergänzung, etwa durch Toraobservanz.

In der paulinischen Argumentation spielt die offenkundig vom Galatischen Konflikt her vorgegebene Thematik der Abrahamssohnschaft, die nach Paulus ausschließlich von dem aus der Predigt und dem Wirken des Geistes erwachsenen Glauben abhängt, im Sinne einer *iustificatio per fidem* (3,7) eine fundamentale Rolle. Diese steile These von der Rechtfertigung allein durch den Glauben an Christus (und nicht durch umfassenden Toragehorsam, wozu nach Paulus prinzipiell kein Mensch in der Lage ist) ist nicht als antijüdisch, sondern als antijudaistisch einzustufen, gerichtet gegen judenchristliche Irrlehrer in Galatien. Dass das Abraham und seinen Kindern verheißene Heil die Heiden mit einschließt, ist nach dem Urteil des Apostels bereits in der Verheißung von Gen 12,3 impliziert, die der Tora vom Sinai sowohl zeitlich als auch sachlich vorgeordnet ist.

Die Tora selbst zeige keinen Heilsweg auf, sondern vollziehe autoritativ den Fluch über den Sünder im Namen Gottes. Diese dem jüdischen Vorverständnis entgegen stehende Sicht ist theologisch darin begründet, dass Paulus das Heil Abrahams und das aller seiner Nachkommen im universalen Heilsgeschehen des Kreuzestodes Christi beschlossen sieht, das als eschatologisches Ereignis alle Menschen aller Zeiten und Räume betrifft und umgreift.

Damit hält Paulus seine beiden einander kompromisslos ausschließenden Gegensatzpaare *Glaube versus Gesetz, Fluch versus Segen* konsequent durch: Allein durch den Glauben an Christus rechtfertige und errette Gott (Spiritualisierung des Segensbegriffs); das Gesetz hingegen sei – wenngleich selbst nicht Fluch – kein Heilsweg, sondern einzig Anzeige des zu Recht verhängten Fluches (3,13; vgl. 4,4; 2. Kor 5,21), insofern keiner durch das Gesetz gerecht werden könne und jeder, der dies versuche, unausweichlich ein „Mann des Todes" bleibe. In all dem expliziert Paulus seine Botschaft von der Rechtfertigung des Gottlosen, wie wenig später noch ausführlicher im Römerbrief: Der Gottlose empfängt den Heiligen Geist und mit ihm das Heil allein durch den Glauben an Jesus Christus und nicht durch Werke des Gesetzes (Röm 3,21–30).

Was Martin Luthers Rezeption von Gal 3,1–14 anlangt, so ist ihm – ungeachtet vieler überzeugender Beobachtungen – die Unterschätzung der Kontextualität der paulinischen Aussagen vorzuwerfen: Paulus hatte bei seinem Brief an die Gemeinden von Galatien dem Problem der Kombination aus Christusglaube *und* Toraobservanz zu widerstehen, nicht dem Irrglauben an das bloße Gesetz als exklusivem Heilsweg. Wenn jedoch Luther bei seiner Auslegung Juden, Judenchristen und Judaisten unter den galatischen Gemeinden gleichsetzt und ihre Werk- bzw. Selbstgerechtigkeit zurückweist, so wird dieser Aspekt seiner Exegese dem Paulustext nicht gerecht, sondern ist den Konfliktsituationen seiner Zeit geschuldet.

Unbeschadet dessen deutet der Reformator Gal 3,13 beeindruckend tiefschürfend als „Fröhlichen Wechsel" und befördert mit der Hochschätzung dieses Verses als „Hauptstelle der christlichen Lehre" eine demütig-ehrfürchtige Christologie, die an Aktualität nichts eingebüßt haben dürfte. Wo dieser Befreier-Christus ist, da kann auch in unserer ansonsten noch unerlösten, unvollkommenen Welt keine Sünde mehr sein. Dass Luther gegen „schwärmerische" Tendenzen seiner Zeit schreibt, schmälert den grundsätzlichen Wert seiner Auslegung nicht, da auch heute vergleichbare Fehlentwicklungen in der Lehre zu befürchten bzw. gar zu beobachten sind, welche die menschliche Erlösungsbedürftigkeit negieren oder zur Selbsterlösung aufrufen. An dem bei Paulus und Luther betonten *pro me* – des Heilsgeschehens *für mich* – gilt es unbedingt festzuhalten.

III. Quintessenz und weiterführende Literaturempfehlungen

(Hans-Christian Kammler)

Im Blick auf die eingangs formulierten Fragen ist festzuhalten:

1. Der Text Gal 3,1–14, der der Explikation und Begründung der rechtfertigungstheologischen Grundsatzaussagen von Gal 2,15–21 dient, weist eine klare Struktur auf. In *3,1–5* begründet Paulus seine These, dass das Heil des Menschen allein in Christus liegt („solus Christus") und ihm allein im Glauben zuteil wird („sola fide"), mit einem *Argument aus der Erfahrung*: Der das Christsein konstituierende Empfang des Heiligen Geistes geschah ἐξ ἀκοῆς πίστεως und nicht ἐξ ἔργων νόμου. In *3,6–14* vertieft Paulus seine Begründung durch *Argumente aus der Schrift*: Die universal ausgerichtete Segensverheißung an Abraham erfüllt sich durch den gekreuzigten Christus, der den Fluch, den das Gesetz zu Recht über den Sünder ausspricht, auf sich genommen und so überwunden hat.

2. Das streng adversativ zu verstehende Gegensatzpaar ἐξ ἔργων νόμου / ἐξ ἀκοῆς πίστεως (3,2.5) nimmt die rechtfertigungstheologische Fundamentalaussage von 2,16 auf und besagt, dass der den Heilsstand der Galater konstituierende Geistempfang nicht „auf Grund umfassender Toraobservanz" geschah, sondern „auf Grund der Glauben wirkenden

[Christus-] Verkündigung".

3. Was das paulinische Verständnis der beiden in Gal 3,6–9 zitierten Schriftworte anlangt, so ist im Blick auf *Gen 15,6* festzuhalten:

a) Paulus versteht das πιστεύειν Abrahams als Wirkung des Wortes Gottes, nämlich der Verheißung von Gen 15,1.4 f., weshalb sein Glaube nicht die „Conditio", sondern der „Modus" der Heilsteilhabe ist.

b) Bei dem göttlichen λογίζεσθαι handelt es sich nicht um ein analytisches, sondern um ein synthetisches Urteil, das Wirklichkeit nicht lediglich konstatiert, sondern allererst konstituiert.

c) Die Formulierung λογίζεσθαι εἰς δικαιοσύνην (vgl. Röm 4,6.11) stellt das positive Gegenstück zu der negativen Formulierung οὐ μὴ λογίζεσθαι ἁμαρτίαν (Röm 4,8) dar. Das aber bedeutet, dass das göttliche Rechtfertigungsurteil den Zuspruch der Sündenvergebung impliziert, weshalb Abraham als „Gottloser" (Röm 4,5) gerechtfertigt worden ist und somit in seiner Person das Urbild der „iustificatio impiorum sola fide" darstellt.

Im Blick auf das paulinische Verständnis von *Gen 12,3* ist sodann zu notieren: Der Apostel versteht diese Verheißung universal und also als gleichursprünglich auf Israel und auf die Heidenvölker bezogen. Die Heiden kommen mithin nicht erst sekundär in den Blick und werden nicht erst nachträglich in den Segen Abrahams einbezogen, sondern sie sind von Gott von vornherein dazu ausersehen, „mit Abraham" (V. 9) und „wie Abraham" (V. 6) Empfänger des Segens zu sein.

4. Zum Verständnis des Antonyms „Segen" / „Fluch":

a) Unter dem *„Segen"* versteht Paulus einerseits das Geschehen der Rechtfertigung im Glauben und andererseits den Empfang des Heiligen Geistes, der den rechtfertigenden Glauben an den „für uns" gekreuzigten Christus schenkt und damit die rettende Heilsteilhabe bewirkt. Beides gehört unmittelbar zusammen; es sind die zwei Seiten einer Medaille.

b) Unter dem *„Fluch"* ist jenes göttliche Gerichtsurteil zu verstehen, das die Tora mit eschatologisch-forensischer Kraft zu Recht über den Sünder und also über jeden Menschen ausspricht. Die Rede von der κατάρα τοῦ νόμου (3,13) besagt keineswegs, dass die Tora selbst „der Fluch" und also eine Unheilsmacht ist, sondern dass die Tora als Gottes heiliges Wort jeden Gesetzesübertreter unter den göttlichen Fluch stellt. Der Genitiv τοῦ νόμου ist dementsprechend als ein Genitivus subiectivus bzw. auctoris und nicht als Genitivus epexegeticus bzw. appositivus zu bestimmen.

5. Die Kerngedanken der theologisch überaus dichten Aussage von Gal 3,13, die ihre Sachparallelen in Gal 4,4 f. und 2. Kor 5,21 hat, lassen sich so zusammenfassen:

a) Der gekreuzigte Christus hat den Fluch, der nach dem Urteil der Tora zu Recht auf allen Menschen lastete, als der sündlose Gottessohn (2. Kor 5,21) im Akt inkludierender Stellvertretung bzw. personaler Identifikation auf sich genommen.

b) Der „Christus crucifixus" (3,1) ist so zu dem verdientermaßen „Verfluchten", zu dem dem Gerichtstod verfallenen Menschen, ja zur „Person aller Sünder" (Luther) geworden, der in Wahrheit „ich" bin (2,19).

c) Am Kreuz Jesu Christi ereignete sich das tödliche Gottesurteil, das göttliche Nein zur Sünde und zum Sünder, an Gott selbst in der Person des Gottessohnes. Dort kam der göttliche Fluch zum Austrag, der „uns", Juden wie Heiden, hätte treffen müssen – und uns nun nicht mehr trifft.

Weiterführende Literaturempfehlungen von Hans-Christian Kammler

JOSEF ECKERT, Die urchristliche Verkündigung im Streit zwischen Paulus und seinen Gegnern nach dem Galaterbrief (BU 6), Regensburg 1971, bes. S. 73–79.

HANS-JOACHIM ECKSTEIN, Verheißung und Gesetz. Eine exegetische Untersuchung zu Galater 2,15 – 4,7 (WUNT 86), Tübingen 1996, S. 82–170.

FRANZ MUSSNER, Der Galaterbrief (HThK IX), Freiburg – Basel – Wien ⁵1988, S. 205–236 (Neuauflage 2002).

Hans-Christian Kammler & Jonathan Kühn:

„Rechtfertigung – aus Glauben allein?" (Röm 3,21–31 mit Blick auf Röm 4)

I. Explikation der Fragestellung

(Hans-Christian Kammler)

1. In welchem sachlichen Verhältnis stehen die Ausführungen von Röm 3,21 ff. zu den voran stehenden Darlegungen von Röm 1,18 – 3,20?

2. Wie schließen sich die Ausführungen von Römer 4 gedanklich an?

3. Wie ist die Aussage von Röm 3,31 zu deuten? Darf sie im Sinne eines *tertius usus legis* verstanden werden?

4. Wie ist die rechtfertigungstheologische Fundamentalaussage von Röm 3,28 zu verstehen?

5. Was meint der von Paulus äquivok verwendete Begriff νόμος in den einzelnen Versen genau?

II. Ertragsprotokoll der Arbeitseinheit Röm 3,21–31

(Jonathan Kühn)

Νυνὶ δέ – wie ein Fanfarenstoß markiert Röm 3,21 die Zäsur zur vorangegangenen Abhandlung über die Sündenschuld des Menschen Röm 1,18 – 3,20. „Nun aber ...!", ruft Paulus seinen Lesern zu und beginnt, das befreiende Evangelium von Jesus Christus zu entfalten. Ausnahmslos alle Menschen haben dieses göttlich geschenkte Heil nötig, da sie im *status corruptionis* stehend unweigerlich der ihnen von Gott zugedachten „Herrlichkeit" ermangeln (3,23). Dies trifft nach Paulus gleichermaßen für Juden wie für Griechen, also alle Nichtjuden, zu, wenngleich freilich die Privilegien des Bundesvolkes nicht in Frage stehen. Hinsichtlich des geschenkten Heiles gilt den Juden zwar das *Zuerst* (Röm 1,16), die Heiden werden indes im zweiten Schritt am gleichen Heil beteiligt – durch den Glauben an Jesus Christus.

In gewisser Analogie hatte vom Gesetz (= der Tora vom Sinai) mit seinem universalen, keineswegs nur partikularen Charakter zuvor Ähnliches gegolten: Juden und Heiden hatten unter seinem unbedingten Anspruch und seiner umfassenden Anklage gestanden und (als Geschöpfe Gottes unausweichlich als „Täter des Gesetzes" gefordert [2,13]) es nicht in seiner Gänze zu erfüllen vermocht, wenngleich einzig die Juden als Gottes eigenes Bundesvolk um diese Lebensgrundlage gewusst hatten. Die Heiden hingegen hatten das Urteil des göttlichen Gesetzes gar nicht gehört und daher unwissend unter seiner beständigen Anklage gelebt. Da nach Paulus niemand durch „Gesetzeswerke", d.h. durch eine umfassende Toraobservanz, gerecht werden kann, musste das Evangelium erst eben jene Gerechtigkeit schaffen und schenken, die das Heil bedeutet. Der universale Gnadenort, Christi Erlösungswerk, lag hierbei außerhalb der Reichweite des für alle gültigen Gesetzes, das eben gerade nicht nur partikular-spezielles Sittengesetz für das Bundesvolk war.

Geschenkt wurde dieses Heil beiden Gruppen, den Juden und Heiden, –

freilich in einem Hintereinander, in der Erweiterung des ursprünglichen Heilsbundes. Jeder menschlichen Gerechtigkeit außerhalb der Heilstat Christi erteilt Paulus in 3,23 eine pointierte Absage. Der νόμος bezeichnet in V. 21a die ganze Tora, das ὑστεροῦσθαι in V. 23 die Ermangelung etwas nie Dagewesenen und somit nicht das Nichtmehrvorhandensein, also das vorangegangene Verlieren dessen, was zuvor besessen worden war. *Alle* ermangeln der göttlichen δόξα, *keiner* tut das Gesetz (zur Gänze) oder ist vor Gott gerecht, ergo bedürfen *alle* der Erlösung in Christus Jesus.

Wie das *peccatum originale*, so gilt dieses Heil, das einzig *propter Christum* besteht (3,24), universal allen Menschen, also Juden und Heiden. Das umstrittene Theologumenon von der Allerlösung findet sich bei Paulus zumindest andeutungsweise. Die verkündigende Mitteilung dieses heilsamen Wundergeschehens ist derweil jedoch nicht als bloßes Bescheidsagen misszudeuten, sondern vielmehr als effektiv-performatives Mit-Teilen zu würdigen.

Eingedenk dieser Frohbotschaft kann Paulus dann aber betonen, dass die christliche Lehre das Gesetz keineswegs aufhebt, sondern als in Christus erfüllt ansieht (Röm 8,3 f.). Wie Luther später unterstrich, ist dieses von Paulus verkündete Evangelium zugleich Abschaffung *und* Erfüllung des Gesetzes: Erfüllung, indem Christus einzig und allein den inneren und äußeren Ansprüchen des göttlichen Gesetzes uneingeschränkt gerecht wurde, und Abschaffung, insofern der begründete Fluch des Gesetzes den durch den Glauben an Christus Erlösten nicht mehr trifft. Zugleich bleibt das Gesetz aber Ausdruck des Willens und Anspruches Gottes an den Menschen.

Wie grundsätzlich Paulus hier schreibt, wird an der komprimierten sühnetheologischen Aussage von 3,25 f. anschaulich: Der verglichen mit anderen Hinrichtungsarten seiner Zeit weniger „blutige" (freilich nicht minder grausame) Kreuzestod Jesu will hier ebenso wenig wörtlich, sondern vielmehr kultisch im Sinne einer inkludierenden Stellvertretung verstanden sein, wie die „früheren Sünden" nicht als zeitlich vorangegangene Verfehlungen der Sünder zu deuten sind. Viel grundlegender und essentieller geht es Paulus um das unausweichliche Sündersein eines jeden adamitischen Menschen, der außerhalb Christi keine Erlösung finden kann, auch nicht durch Gesetzeswerke, weil es ihm nie gelingen wird, dem äußeren und inneren Anspruch des göttlichen Willens ganz zu entsprechen.

Was nun Luthers Rezeption der Pauluspassagen betrifft, so lag er mit seiner Interpretation, die das vom Heidenapostel Verkündigte in dogmatische Sätze von der Rechtfertigung des Gottlosen ohne des Gesetzes Werke allein durch den Glauben an Christus fasste, durchaus richtig. Auch die Eintragung des „allein" in Röm 3,28, wie dies lange vor ihm auch Thomas von Aquin bereits gewagt hatte, unterstreicht die Argumentation des Paulus nur noch und dürfte seinem Ansinnen der fanfarenartigen Proklamation des heilsamen Christusgeschehens, das dem Gottlosen Gerechtigkeit bringt, voll Rechnung tragen. Wie Paulus selbst weiß Martin Luther sich in der Behauptung seiner Rechtfertigungslehre auf der festen Grundlage der biblischen Tradition. Der Apostel unterstreicht dies exemplarisch in Röm 4,1–12, wo er – in Entfaltung der These von Röm 3,31 („Heben wir also die Schrift durch den Glauben auf? Mitnichten! Vielmehr bringen wir die Schrift zur Geltung.") – die Schriftgemäßheit der beiden Kernthesen von Röm 3,28 und Röm 3,30 expliziert. Wie neben dem gottesfürchtigen Heiden Abraham später auch der Ehebrecher und Mörder David das Heil aus Glauben empfangen hatte, so bleibt auch allen folgenden Generationen das Heil geschenkt in Christi Sühnehandeln, das indes nicht als *causa instrumentalis* oder als *satisfactio* im Sinne Anselms missverstanden werden darf; vielmehr ist Christi Passion seine Aktion, ist er selbst – in der Einheit mit Gott, seinem Vater – das handelnde Subjekt der allen Menschen geltenden Erlösung.

III. Quintessenz und weiterführende Literaturempfehlungen

(Hans-Christian Kammler)

1. Zum Kontextbezug von Röm 3,21 ff.: In 1,16 f. formuliert Paulus das Thema des Römerbriefes: Das Evangelium, dessen Inhalt der gekreuzigte und auferstandene Gottessohn Jesus Christus ist, ist die rettende Kunde

von Gottes universaler „Gerechtigkeit", die von Juden und Heiden allein im Glauben empfangen wird. Die weiteren Kapitel des Römerbriefes (1,18 – 15,13) sind nichts anderes als die ausführliche Explikation dieser grundlegenden Themenangabe. Nachdem Paulus in Röm 1,18 – 3,20 die universale Heillosigkeit aller Menschen vor Gott und damit die *Notwendigkeit* der Offenbarung der „Gerechtigkeit Gottes" aufgewiesen hat, spricht er in Röm 3,21 – 4,25 von der *Offenbarung* dieser „Gerechtigkeit" und also von der universalen Heilstat Gottes in Jesus Christus, die allen Menschen, Heiden wie Juden, als Rechtfertigung des Gottlosen und somit allein im Glauben zukommt.

2. Der Aufbau von Röm 3,21 – 4,25 ist zweigeteilt: In 3,21–30 formuliert Paulus Grundsatzaussagen seiner Soteriologie und Rechtfertigungslehre, die dann in Röm 4 durch den Aufweis ihrer Schriftgemäßheit argumentativ untermauert bzw. abgesichert werden. Dabei dient 4,1–8 dem Aufweis der Schriftgemäßheit der theologischen Assertio von 3,28 und 4,9–12 dem Aufweis der Schriftgemäßheit der theologischen Assertio von 3,30.

3. Von dieser Erkenntnis her ergibt sich für das Verständnis von 3,31 eine grundlegende Einsicht. 3,31 zieht – in Aufnahme von 3,21 (die Gerechtigkeit Gottes wird „bezeugt vom Gesetz [= dem Pentateuch] und den Propheten") – eine schrifttheologische Folgerung aus 3,27–30 und leitet so zugleich zu 4,1 ff. über. Es geht Paulus in 3,31 nicht um die Frage, ob die Tora vom Sinai durch seine Rechtfertigungslehre außer Kraft gesetzt wird oder aber für den Lebensvollzug der Christen bleibende Gültigkeit hat, sondern um die Frage, ob seine Rechtfertigungslehre im Widerspruch zum Zeugnis der Heiligen Schrift steht oder dieses im Gegenteil angemessen zur Geltung bringt. Die Frage des „tertius usus legis" steht in Röm 3,31 nicht zur Debatte, und das Wort νόμος darf hier nicht mit „Gesetz" bzw. „Tora" wiedergegeben werden, sondern heißt – wie in 3,19a – „die Schrift".

4. Bei der Aussage von Röm 3,28 handelt es sich – wie Luther richtig gesehen hat – um eine theologische Fundamentalaussage, die von universaler Bedeutung ist und mithin alle Menschen, Juden wie Heiden, in gleicher

Weise betrifft. Die Worte χωρὶς ἔργων νόμου sind das notwendige *negative* Implikat der rechtfertigungstheologischen *Position*, dass der Mensch „aus Glauben" – aus Glauben *allein*, wie Luther exegetisch zutreffend ergänzt – gerechtfertigt wird, d.h. das Heil empfängt – und eben nicht durch eine umfassende Toraobservanz, die der Mensch im Schatten Adams prinzipiell nicht zu verwirklichen vermag.

5. Das Wort νόμος hat im Text unterschiedliche Bedeutungen: in V. 21a (νυνὶ δὲ χωρὶς νόμου δικαιοσύνη θεοῦ πεφανέρωται) und V. 28 (λογιζόμεθα γὰρ δικαιοῦσθαι πίστει ἄνθρωπον χωρὶς ἔργων νόμου) meint es *die Tora vom Sinai*, in V. 21b (μαρτυρουμένη ὑπὸ τοῦ νόμου καὶ τῶν προφητῶν) und V. 31 (νόμον οὖν καταργοῦμεν διὰ τῆς πίστεως; μὴ γένοιτο· ἀλλὰ νόμον ἱστάνομεν) *die Heilige Schrift* und in V. 27 (διὰ ποίου νόμου; τῶν ἔργων; οὐχί, ἀλλὰ διὰ νόμου πίστεως) *das Kriterium* bzw. *die Norm*.

Weiterführende Literaturempfehlungen von Hans-Christian Kammler

ERICH GRÄSSER, „Ein einziger ist Gott" (Röm 3,30). Zum christologischen Gottesverständnis bei Paulus, in: DERS., Der Alte Bund im Neuen. Exegetische Studien zur Israelfrage im Neuen Testament (WUNT 35), Tübingen 1985, S. 231–258.

OTFRIED HOFIUS, „Rechtfertigung des Gottlosen" als Thema biblischer Theologie, in: DERS., Paulusstudien I (WUNT 51), Tübingen 1989, S. 121–147.

ERNST KÄSEMANN, An die Römer (HNT 8a), Tübingen ⁴1980, S. 85–122.

DIETER SÄNGER, Die Verkündigung des Gekreuzigten und Israel. Studien zum Verhältnis von Kirche und Israel bei Paulus und im frühen Christentum (WUNT 75), Tübingen 1994, S. 106–122.

PETER STUHLMACHER, Zur neueren Exegese von Röm 3,24–26, in: DERS., Versöhnung, Gesetz und Gerechtigkeit. Aufsätze zur biblischen Theologie, Göttingen 1981, S. 117–135.

I. Explikation der Fragestellung

(Hans-Christian Kammler)

Im Blick auf das Verständnis von Röm 7 stellen sich insbesondere die folgenden Interpretationsfragen:

1. Die grundlegende inhaltliche Frage ist die nach dem „Ich" von Röm 7: Wer ist mit diesem „Ich" gemeint? Spricht Paulus hier im Sinne des „simul iustus ac peccator" vom Menschen in Christus (so wie es Luther im Rekurs auf Augustin annimmt) oder vom adamitischen Menschen und also von der Existenz des Menschen ohne Christus?

2. Welche argumentative Funktion hat der Text im Gesamtkontext des Römerbriefes, und in welchem gedanklichen Verhältnis steht er zu dem unmittelbar vorauf gehenden Abschnitt Röm 7,1–6 und zu den sogleich folgenden Ausführungen von Röm 8?

3. Wie ist der in Röm 7,14–23 geschilderte Konflikt zu verstehen? Beschreibt Paulus hier einen *innersubjektiven* Konflikt bzw. einen Zwiespalt im Menschen, oder geht es ihm um einen *transsubjektiven* Konflikt, demzufolge der Mensch von Röm 7 selber der Mensch im Widerspruch ist?

4. Lässt sich der Schlusssatz Röm 7,25b als genuin paulinische Zusammenfassung des zuvor geschilderten Konfliktes begreifen, oder handelt es sich hier um eine nachpaulinische Glosse, die die Pointe der paulinischen Argumentation sachlich verfehlt?

5. Ist die Intention des Textes angemessen erfasst, wenn man in ihm eine

„Apologie des Gesetzes" erblickt[1]?

II. Ertragsprotokoll der Arbeitseinheit Röm 7,7–25

(Volker Stümke)

1   Deutungen von Röm 7

Das 7. Kapitel des Römerbriefs gilt als grundlegender Text für die Paulinische Anthropologie. Zu Recht hat die Lutherbibel die Verse 7–25 unter die Überschrift „Der Mensch unter dem Gesetz" gestellt, denn genau davon handelt der Text, dass und wie der Mensch unter dem Gesetz steht und dass und wie diese Stellung für den Menschen Sünde und Tod implizieren. Allerdings ist umstritten, von welchem Menschen (unter dem Gesetz) Paulus spricht, und in der Folge ist strittig, inwiefern Gesetz, Sünde und Tod über diesen Menschen bestimmen. Näherhin sind **drei Deutungen** wirkungsgeschichtlich und exegetisch relevant:

1. Martin Luther hat das „Ich" in Röm 7 auf den Christen Paulus bezogen. Der Apostel beschreibe hier (autobiographisch) seine eigene Gegenwart, also die geschichtliche Existenz des Christen zwischen der bereits geschehenen Versöhnung in Christus (Taufe: Röm 6) und der noch ausstehenden Erlösung (Röm 8). Der Christ sei Sünder und Gerechter zugleich („simul iustus ac peccator"), er kämpfe gegen die Sünde und leide darunter, dass er in diesem Kampf nicht immer als Sieger hervorgehe, vielmehr schmerzlich bemerke, dass die Sünde weiterhin Macht über ihn habe, so dass er

---

[1] So – unter Hinweis auf ältere Autoren – WERNER GEORG KÜMMEL, Römer 7 und die Bekehrung des Paulus (1929), in: DERS., Römer 7 und das Bild des Menschen im Neuen Testament. Zwei Studien (ThB 53), München 1974, S. 1–160: hier S. 9 und ihm folgend nicht wenige Exegeten.

den alten Adam in täglicher Reue und Buße ersäufen muss (vgl. Kleiner Katechismus).

2. In der gegenwärtigen Exegese besteht ein weitgehender Konsens darüber, dass Paulus in Röm 7 aus der Perspektive des Christen seine eigene Vergangenheit (vor dem Damaskusereignis) als frommer Jude beschreibe. Als ein solcher habe er unter dem Gesetz gestanden, doch diese Herrschaft sei durch Christus aufgehoben worden, so dass er nun nicht mehr unter dem Gesetz stehe, sondern in Christus lebe. Das „Ich" sei näherhin typologisch (und nicht autobiographisch) zu verstehen für die adamitische Situation der Menschen, insbesondere der Juden, benenne also den Zustand aller Menschen vor der heilsgeschichtlichen Wende in Christus.

3. Innerhalb des gegenwärtigen exegetischen Konsenses (= Situation vor Damaskus aus christlicher Perspektive) gibt es noch eine weitere Deutung des „Ich", derzufolge Paulus in Röm 7 nicht den heilsgeschichtlichen, gleichsam objektiven Wandel von Adam zu Christus (= 2. Deutung), sondern die psychologische Situation des Juden Paulus (autobiographisch) bzw. aller Menschen (typologisch) unter dem Gesetz beschreibe. Dieser Minderheitsmeinung folgend leide der Mensch unter der eigenen Zerrissenheit (zwischen Geist und Fleisch), das heilige Gesetz Gottes erfüllen zu wollen und zu sollen, es aber nicht zu schaffen. Diese innere Spannung führe zu der verzweifelten Suche nach Erlösung.

Zur Gliederung des Textes Röm 7,7–25 muss seine Einbettung in den **Kontext** einbezogen werden. Der vorangehende Abschnitt Röm 7,1–6 behauptet eingangs, dass der Mensch unter dem Gesetz stehe, solange er lebe. Diese Stellung verdeutlicht Paulus in V. 2 f. am Eherecht, das die Ehefrau an ihren Gatten binde – ebenfalls, so lange er lebe. Nach dem Tode des Mannes sei die Frau wieder frei von dem Zwang des Gesetzes (= Eherecht).

Die Verdeutlichung stellt keine komplette Parallelisierung dar, weil Paulus neben dem Gesetz (Tora, Eherecht) und den Menschen unter dem

Gesetz (Menschen, Ehefrau) noch eine dritte Figur (Ehemann) einführt, so dass nicht der Tod der Frau, sondern der ihres Mannes die Herrschaft des Eherechts beendet, während es bei der Tora der eigene Tod ist. Das sorgt zwar für eine argumentative Schieflage, vernebelt aber nicht den Sinn: Solange man unter der Herrschaft des Gesetzes steht, muss man sich nach dessen Weisungen richten.

Die Schlussfolgerung wird in V. 4 gezogen: Die Christen stehen nicht mehr unter dem Gesetz, sondern unter der Herrschaft Christi. Dieser Wechsel sei zeitlich zu verstehen, Paulus grenze also zwei Zeiten voneinander ab. Dieser Wechsel sei objektiv durch die Auferstehung Christi von den Toten und subjektiv durch die Zugehörigkeit der Christen zu Christus vollzogen worden. Entscheidend für das Verständnis von Röm 7,7–25 ist, dass diese beiden Zeiten in V. 5 f. noch einmal einander gegenüber gestellt werden: V. 5 beschreibt die alte Existenz unter dem Gesetz, V. 6 die neue Existenz in Christus. Die beiden folgenden Abschnitte des Römerbriefes entfalten genau diese beiden Existenzweisen: Röm 7,7–25 ist demzufolge eine Beschreibung der Situation unter dem Gesetz (= alte Existenzweise vor Christus), während Röm 8 das Leben im Geist Christi (= neue Existenzweise im Glauben an Christus) darlegt.

Für diese Lesart (und damit gegen die Luthersche Deutung) spricht, dass die zentralen Begriffe aus Röm 7,7–25 (Fleisch, Sünde, Gesetz, Tod) bereits in V. 5 begegnen. V. 6 wiederum nennt zwei zentrale Begriffe (frei werden, Geist), die in Röm 8 aufgegriffen und entfaltet werden.

2   Feingliederung

Die **Feingliederung** des Abschnittes, der noch einmal rückblickend die Situation „vor Damaskus" unter dem Gesetz reflektiert, kann sich am Tempus der Verben orientieren. Dann sind V. 7–13 auf die Vergangenheit bezogen, während V. 14–23 eine Gegenwart darlegen und V. 24 die (erhoffte) Zukunft erfragt. V. 25a weist als Dankrede auf den Herrschaftswechsel, der in Röm 7,5 f. als „Überschrift" angezeigt wurde. Markiert V. 25a mit dem Verweis auf Jesus Christus den Übergang zu Röm 8?

V. 7–13:	Wie der Mensch zum Sünder geworden ist.
V. 14–23:	Das unentrinnbare Sündersein des Menschen.
V. 24–25a:	Wie wird der Mensch aus der Sünde gerettet?

Aber welche Funktion hat dann *V. 25b*, der noch einmal auf die Argumentation von Röm 7,7–24 zurückgreift?

Wahrscheinlich handelt es sich um eine Glosse, die (in Anlehnung an Röm 5,11.21 und Röm 6,11.23) einen Abschluss markieren soll. Der von Paulus abweichende Sprachgebrauch („Vernunft" und „Fleisch" sind hier nicht Bestimmungen des ganzen Menschen, die sich schroff ausschließen, sondern Partialaspekte, die zugleich da sind und einander widerstreiten) lässt es als wahrscheinlich erscheinen, dass diese Randbemerkung als Textaussage verstanden und dann als Bestandteil des Briefes tradiert wurde.

Inhaltlich legt diese Glosse nahe, dass der Gedankengang von Röm 7,7–25 schon sehr früh (sie findet sich in den meisten alten Handschriften) im Sinne Luthers verstanden worden ist, nämlich als Widerstreit von zwei Kräften („Vernunft" und „Fleisch") im Christen (und nicht mehr als Wechsel von der einen Herrschaft zur anderen).

V. 7–13 beschreiben, wie der Mensch zum Sünder geworden ist. Da Paulus wiederholt das Sündersein mit dem Gesetz in Verbindung gebracht hatte, muss er sich der Frage stellen, ob das Gesetz selbst die Ursache der Sünde sei (V. 7). Diese Verbindung muss er zurückweisen; keinesfalls darf das Gesetz Gottes als Wirkursache der Sünde verstanden werden, weil sonst Gott selbst als Urheber der Sünde (und das Gesetz als sein Mittel) verstanden werden müsste. Vielmehr will Paulus zeigen, dass das Gesetz der Anlass der Sünde wurde. Dazu fokussiert er das Gesetz auf das Verbot der Begierde. Genau dieses Verbot regte dazu an, es zu übertreten (V. 8). Ohne dieses Gesetz konnte es keine Sünde geben, weil kein Verbot übertreten und damit kein Widerspruch zu Gott etabliert werden konnte, aber nachdem das Gebot da war, konnte die Sünde es aufgreifen.

Die Frage, woher die Sünde kommt, stellt Paulus nicht. Klar ist nur, dass sie schon vor dem Gesetz da war, aber erst durch das Gesetz die Möglichkeit erhielt, den Menschen zu überführen. Und durch dieses Aktivwerden wurde sie auch selbst erst sichtbar. Dass die Sünde von Gott geschaffen worden ist, also Bestandteil der Schöpfung ist, wird Paulus sicher nicht behaupten. Sie ist einfach da.

Welches Gesetz hat Paulus im Blick? Der Begriff wird bei ihm unterschiedlich verwendet, er kann gemäß jüdischer Tradition in einer sehr weiten Verwendung den Pentateuch meinen (Röm 3,21: Gesetz als Zeuge der Offenbarung), er kann aber auch enger auf die Sinaitora verweisen (Röm 3,19 f.: Gesetz fordert Werke). Darüber hinaus kann Paulus den Begriff auch eher griechisch als Prinzip verstehen (Röm 3,27: Glauben folgt einer eigenen Ordnung). Im Anschluss an Schmithals legte Kammler in seinem exegetischen Vortrag dar, in Röm 7,7 f. nicht an das letzte Dekaloggebot, sondern an das transmoralische Grundgebot Gottes, das er Adam im Paradies gab, zu denken. Denn das Begehren bleibt in V. 8 unspezifisch, es geht nicht um bestimmte Gegenstände (das Eigentum des Nächsten), sondern generell darum, für Gott (und nicht eigensüchtig) leben zu wollen. Dieses Paradiesgebot gilt für alle Menschen, als deren Typus Adam ja in Röm 5,12 ff. geschildert wurde. Darum meint das „ich" typologisch den adamitischen Menschen, der V. 9 folgend zunächst ohne Gesetz im Paradies lebte – gemeint ist der Zeitraum zwischen der Schöpfung (Gen 2,4 ff.) und der Bekanntgabe des Gebots (Gen 2,17).

Nachdem das Gesetz formuliert war, wurde es von der Sünde aufgegriffen und pervertiert, so dass der Mensch den Tod als der Sünde Sold (Röm 6,23) empfing, obwohl das Gesetz ihm doch eigentlich (also von Gottes Konzept her) im Leben helfen sollte. Dieser Gedankengang wird in V. 10–13 mehrfach durchschritten; immer geht es Paulus darum, einerseits die Heiligkeit des Gesetzes, das von Gott stammt, nicht zu hinterfragen, andererseits die Situation aller Menschen vor Christus unter der Sünde eindrücklich zu schildern: Alle Menschen haben gesündigt, indem sie wie Adam das gute Gesetz Gottes übertreten haben – und dazu musste das Gesetz da sein, ist aber nicht die Ursache der Sünde. Die Antwort auf die Ausgangsfrage, wie der Mensch zum Sünder geworden ist, lautet also: indem er (gegen das Gesetz) sündigte.

V. 14–23 beschreiben das unentrinnbare Sündersein des (adamitischen) Menschen (vor dem Herrschaftswechsel) in zwei Schritten. Zunächst wird die gegenwärtige Situation in V. 14–20 dargestellt, dann wird in V. 21–23 eine resümierende Schlussfolgerung gezogen. Die Situationsschilderung V. 14–20 wird näherhin in zwei Argumentationsgängen (V. 14–17 und V. 18–20) vollzogen, die parallel verlaufen.

These:
    V. 14 (ich bin fleischlich)   V. 18a (in mir ist nichts Gutes)

1. Begründung:
    V. 15a (ich weiß nicht, was ich tue)   V. 18b (kein Vollbringen)

2. Begründung:
    V. 15b (ich tue, was ich hasse)   V. 19 (ich tue das Böse)

Folge:
    V. 16 f. (die Sünde beherrscht mich)   V. 20 (die Sünde beherrscht mich)

Diese Gedankenführung kann bei den Christen (in Rom) Zustimmung erwarten. Für Christen im Rückblick ist der (adamitische) Mensch versklavt von der Sünde, er wird von ihr also total bestimmt. Und das steht nicht im Widerspruch dazu, dass das Gesetz gut ist, denn es geht nicht um die geistige oder geistliche Einsicht in das Gesetz und auch nicht um die daraus resultierende gute Absicht, die dem Gesetz entspräche, sondern um das Vollbringen der von ihm geforderten Werke – und daran scheitert der „fleischliche" Mensch.

3   Vergleich der Deutungen

Die Zusammenfassung in V. 21–23 streicht zunächst wieder einmal heraus, dass das Gesetz nicht die Ursache der Sünde ist, sondern die Instanz, an der sich die Sünde abarbeitet und an der die Sünde als Sünde, als gegen Gott gerichtete Ausrichtung, erkennbar wird. Aber dann wird der Widerspruch anthropologisch formuliert: Es gibt im Menschen einerseits positive Merkmale (wollen in V. 21, Lust des inneren Menschen am Gesetz in V. 22, das Gesetz der Vernunft in V. 23), andererseits die negative Macht der Sünde, die eindeutig stärker ist und den Menschen (vor Christus) beherrscht – so sehr, dass ihm nur der Aufschrei und die Suche nach der Erlösung aus diesem Zustand bleiben (V. 24). An dieser Stelle bricht nun die Debatte zwischen den beiden gegenwärtigen exegetischen Deutungen (= Deutungen 2 und 3) auf:

- Kammler vertritt die typologische Deutung (= Nr. 2): Das „ich" ist nicht subjektiv zu verstehen, sondern meint wie in den Dankpsalmen typische Erfahrungen, die für alle Menschen gelten. Es geht also in Adam (wie in Christus) auch um mich persönlich. Die positiven Aussagen über den adamitischen Menschen sind demzufolge keine realistischen Beschreibungen des inneren Menschen und seiner Möglichkeiten, sondern ideale Zuschreibungen: Der innere Mensch ist der Mensch, wie er von Gott her gedacht ist – aber den gibt es nicht mehr, weil faktisch jeder Mensch (so wie Adam – Röm 5,12) von der Sünde total beherrscht wird – bis es zum Herrschaftswechsel (weg vom Gesetz hin zu Christus) kommt und der Mensch zu einer neuen Schöpfung wird (2. Kor 5,17). Der Antagonismus im Menschen ist also keine Aufteilung in gute Restbestände und von der Sünde beherrschte Masse, vielmehr ist der Mensch selbst der Widerspruch, er existiert ganz und gar als Sünder (bzw. fleischlich) und damit im Gegensatz zu Gott (Röm 8,7). Eine solche Figur (Aufteilung) wird zwar in der theologischen Anthropologie bisweilen vertreten, indem man von der Imago Dei (Gottebenbildlichkeit) spricht, die durch den Sündenfall bzw. die Sünde nicht vollkommen verschüttet worden sei. Aber von Gottebenbildlichkeit ist in Röm 7 gar nicht die Rede – und zudem wird die Imago Dei bei Paulus christologisch gedeutet (2. Kor 4,4). Alle adamitischen Menschen sind durch und durch gottlos (Röm 3,19 f.), der hier geschilderte Konflikt ist nicht im Inneren des Menschen zu lokalisieren, sondern meint den transsubjektiven Konflikt zwischen dem faktischen Sein (als Sünder) und dem Sollen (als von Gottes Gesetz Angesprochener). Diese Einsicht erschließt sich aber erst im Glauben an Jesus Christus, weil erst das Evangelium erleuchtet, wie es um den Menschen (unter dem Gesetz) steht. Dem Sünder ist nicht nur das Evangelium, sondern sind auch die eigene Sünde sowie die Funktion des Gesetzes unbegreiflich.

- Die psychologische Deutung (= Nr. 3) wurde zwar nicht konzeptionell vertreten, wohl aber stand sie im Hintergrund von Anfragen aus den Arbeitsgruppen: Warum spricht Paulus in Röm 7 so emphatisch vom „ich"? Autobiographisch kann es nicht gemeint sein, denn Paulus selbst litt, so viel wir wissen, vor Damaskus nicht unter Gewissensbissen. Muss er es dann nicht psychologisch auf den adamitischen Menschen beziehen? Wenn es diese positiven Merkmale im Menschen, namentlich die Reflexionsfähigkeit (V. 21 f.) nicht spürbar gibt, warum rekurriert er dann auf sie? Auch eine rückwärts gewandte Deutung ist doch darauf angewiesen, dass die geschilderten Phänomene identifiziert werden können, wenn sie glaubhaft sein will. Sollten die römischen Christen sagen: das „ich" ist weder Paulus, noch waren wir vor unserer Bekehrung so zerrissen, dann droht seine Deutung ins Leere zu laufen. Richtig ist zwar, dass Paulus in Röm 7 nicht explizit von der Gottebenbildlichkeit spricht – aber auch nicht von Adam. Wenn er sich aber (Kammler folgend) implizit auf Adam im Paradies bezieht – warum dann nicht auch auf dessen Gottebenbildlichkeit? Kammler ist zuzustimmen, dass Paulus nicht (wie Ovid oder wie Ps 1, der in V. 22 anklingt) den Menschen am Scheideweg beschreibt, also als jemanden, der sich frei entscheiden und über sein Handeln bestimmen kann; dieses Menschenbild ließe sich mit der Anthropologie des Paulus und seinem Aufweis der Gefangenschaft des Menschen unter der Sünde und der Notwendigkeit einer Rettung „von außen" durch Christus nicht vereinbaren. Die Rückfrage an Kammlers Deutung lautet, ob er sie nicht überzieht und damit das

„ich" utopisch (ohne Ort) werden lässt?

Die reale Situation des Menschen führt in **V. 24** zum Aufschrei und zur Frage. Allerdings sind Kammler folgend sowohl der Schrei wie die Frage keine Äußerungen des adamitischen Menschen, sondern im Rückblick aus christlicher Perspektive formuliert. Weil der Christ die Rettung aus der versklavenden Macht der Sünde erfahren hat, weil er durch Christus befreit worden ist, kann er diesen Schrei artikulieren. Erst in christlicher Deutung erkennt der Mensch seine Versklavung und schreit (wie der Mensch im Gemälde von E. Munch) nach Rettung. Das Futur der Verben ist aus der adamitischen Perspektive formuliert, es hat also nicht das Jüngste Gericht im Blick, sondern das Christusgeschehen.

4 Fazit

Die Exegese von Röm 7,7–25 hat als Ergebnis, dass Paulus nicht die Situation des Christen in einer gegenwärtigen Selbstanalyse, sondern die Situation des adamitischen Menschen im Rückblick schildert. Mit Blick auf Luther heißt das: Er hat Röm 7 nicht richtig verstanden. Seine Lesart eines „simul iustus ac peccator" findet sich so nicht bei Paulus, zumindest nicht in Röm 7. Der Gedanke eines Kampfes, in dem der Christ steht, findet sich zwar an manchen Stellen von Paulus angedeutet (Gal 6,1), aber wird im disjunktiven Schema von Evangelium und Gesetz, von Freiheit und Versklavung gedacht (Gal 2,18 und 5,1). Der Christ ist für Paulus nicht fleischlich und steht nicht unter der Sünde (Röm 7,14), diese Parallelisierung spricht gegen Luthers Bezug des Fleisches auch auf den Christen. Auch der Rekurs auf den Kampf Geist gegen Fleisch in Gal 5,17 meint nicht die innere Situation des Christen, sondern die heilsgeschichtliche Situation entweder unter dem Gesetz oder unter dem Geist des Evangeliums (Gal 5,18 ff.).

Allerdings sollte nicht bestritten werden, dass Luthers Deutung eine tiefe Wahrheit über das Leben des Christen zur Geltung bringt. Die Gleichzeitigkeit des Ungleichzeitigen, also das faktische Nebeneinander von

Sünde und Gnade und das damit gegebene Gegeneinander von fleischlicher Begierde und geistlichem Leben im Christen, die sich Paulinischer Logik folgend doch disjunktiv ausschließen, wird von Luther sehr klar benannt und vom Evangelium her gedeutet: Der Christ wird in seinem Leben zugleich bestimmt durch die Schöpfungsgeschichte, den Sündenfall und das Stehen unter dem Gesetz, die Rettungstat Christi und ihre Aneignung durch den Glauben, das Leben im Geist und die Erlösung. Der Christenmensch lebt also nach Luther zugleich in mehreren Zeiten, auch wenn sie nach Paulus heilsgeschichtlich aufeinander folgen.

Folgende Fragen ergeben sich, wenn man Luthers Beschreibung als wahre Aussage christlichen Glaubens akzeptiert: Lässt sich diese Deutung auch biblisch fundieren? Ist 1. Joh 1,8 – 2,2 die Erfahrung der christlichen Existenz „simul iustus ac peccator" zur Sprache gebracht worden? Und falls sich eine biblische Basis für Luthers Einsichten nicht finden lässt, würde dann seine Fehldeutung von Röm 7 im Widerspruch zum „sola scriptura" als einer Grundforderung reformatorischer Theologie stehen? Oder kann man in diesem Fall als evangelischer Christ das katholische Traditionsprinzip aufgreifen?

III. Quintessenz und weiterführende Literaturempfehlungen

(Hans-Christian Kammler)

Im Blick auf die eingangs formulierten Interpretationsfragen bleibt abschließend festzuhalten:

1. Bei dem „Ich" von Röm 7 handelt es sich nicht um den Menschen in Christus, da dieser nicht mehr unter der Macht der Sünde steht und „fleischlich" ist (V. 14), sondern vom Heiligen Geist bestimmt für Gott lebt, wie Paulus in Röm 8,1–17 darlegt. Der Apostel redet in Röm 7,7 ff. vom adamitischen Menschen bzw. vom Menschen ohne Christus: in 7,7–13 von seinem Sünder-*Werden* in und durch Adam bzw. vom *Ereignis* des der Sünde und dem Tod Verfallens und in 7,14–23 von seinem Sünder-*Sein*

bzw. vom *Zustand* der Verfallenheit an Sünde und Tod.

2. Für das Verständnis von Röm 7,7 ff. ist die Erkenntnis grundlegend, dass dieser Text die *Explikation von Röm 7,5* bildet – so wie Röm 8 die Entfaltung der positiven Gegenaussage von Röm 7,6 darstellt. Die Verse Röm 7,7 ff. sagen, wer der Mensch *extra Christum* und also unter der Anklage und dem Verdammungsurteil der Tora ist, und dem stellen die Darlegungen von Röm 8,1–17 gegenüber, wer der Mensch „*in Christus Jesus*" (8,1), d.h. unter dem in Christi Tod und Auferstehung ergangenen Freispruch Gottes ist.

3. In Röm 7,14–23 schildert das „Ich" nicht einen innersubjektiven, sondern einen *transsubjektiven* Konflikt. Dieser besteht darin, dass der Mensch im Schatten Adams als eine Marionette der Sünde seine göttliche Bestimmung, für Gott, seinen Schöpfer, zu leben, radikal verfehlt. Er *ist* nicht, was er von Gott her *sein soll*. Er ist „der Mensch im Widerspruch" und als solcher ein einziger Schrei nach Erlösung, den allererst der in Christus erlöste Mensch in Röm 7,24 zu artikulieren vermag.

4. In Röm 7,25b handelt es sich um die *Randglosse* eines sehr frühen Lesers des Römerbriefes, der das in Röm 7,7–25a Gesagte und insbesondere den dort geschilderten Konflikt missverstanden hat. Diese Glosse hat als Locus classicus für das „simul iustus ac peccator" unfreiwillig Theologiegeschichte geschrieben. Mit dieser literarkritischen Einsicht ist freilich über das theologische Recht des „simul iustus ac peccator" noch nicht negativ entschieden.

5. Die theologische Intention, die Paulus in Röm 7 verfolgt, wird unterbestimmt, wenn man diesen Text lediglich als eine „Apologie des Gesetzes" begreift. Denn es geht dem Apostel um mehr: nämlich um die Beschreibung der abgrundtiefen und ausweglosen Sündenwirklichkeit des adamitischen Menschen, wie sie allererst im Lichte des Evangeliums offenbar und erkannt wird. Wir haben mithin in Röm 7 einen Fundamentaltext paulinischer Hamartiologie und Anthropologie vor uns, der dem nicht weniger gewichtigen Abschnitt Röm 5,12–21 an die Seite zu

stellen ist.

Weiterführende Literaturempfehlungen von Hans-Christian Kammler

Günther Bornkamm, Sünde, Gesetz und Tod. Exegetische Studie zu Röm 7, in: Ders., Das Ende des Gesetzes. Paulusstudien. Gesammelte Aufsätze I (BEvTh 16), München 1959, S. 51–69.

Otfried Hofius, Der Mensch im Schatten Adams. Röm 7,7–25a, in: Ders., Paulusstudien II (WUNT 143), Tübingen 2002, S. 104–154.

Ernst Käsemann, An die Römer (HNT 8a), Tübingen 41980, S. 183–204.

Werner Georg Kümmel, Römer 7 und die Bekehrung des Paulus (1929), in: Ders., Römer 7 und das Bild des Menschen im Neuen Testament. Zwei Studien (ThB 53), München 1974, S. 1–160.

Hermann Lichtenberger, Das Ich Adams und das Ich der Menschheit. Studien zum Menschenbild von Römer 7 (WUNT 164), Tübingen 2004.

Walter Schmithals, Der Römerbrief. Ein Kommentar, Gütersloh 1988, S. 204–283.

Johannes von Lüpke:

Luthers Rechtfertigungslehre im Grundriss seiner Thesen über Röm 3,28

I. Die beiden Säulen reformatorischen Christentums: „allein die Schrift" und „allein der Glaube"

»*So halten wir nun dafür, dass der Mensch gerecht werde ohne des Gesetzes Werke, allein durch den Glauben.*« So lautet Luthers Übersetzung von Röm 3,28, die sich dem Selbstverständnis des evangelischen Glaubens tief eingeprägt und über Jahrhunderte hin behauptet hat – in und trotz allen kontrovers geführten Debatten über die Rechtfertigungslehre, über das dem paulinischen Text angemessene Verständnis und nicht zuletzt auch über die richtige Übersetzung dieses Satzes. Es schwingt so etwas wie trotzige Selbstbehauptung mit, wenn in der vor hundert Jahren erschienenen Stuttgarter Jubiläumsbibel dem Vers die folgende Erklärung beigefügt wird: „Diese heilsame und trostreiche Lehre, welche freilich allen eigenen Ruhm niederschlägt, war lange Zeit in der christlichen Kirche vergessen und verdunkelt. Durch die Gnade Gottes ist sie in der Reformationszeit wieder ans Licht gestellt worden. Luther hat ihre beseligende Kraft unter schweren Kämpfen am eigenen Herzen erfahren. So ist denn die Lehre von der Rechtfertigung durch den Glauben der Grundpfeiler unserer evangelischen Kirche geworden neben dem andern, daß in Glaubenssachen nur gelten kann, was die Heilige Schrift sagt und lehrt (1. Kön 7,21). – ‚Allein durch den Glauben' –: ‚allein' steht im Grundtext nicht; römische Wortklauber haben deshalb Luther der Schriftfälschung beschuldigt. Allein er hat ganz recht, wenn er sagt: ‚Wenn man alle Werke so rein abschneidet, da muß ja die Meinung sein, daß allein der Glaube gerecht mache. Und wer deutlich und dürr von solchem Abschneiden der Werke reden will, der muß sagen: Allein der Glaube und nicht die Werke machen uns gerecht. Das zwingt die Sache selbst neben der (deutschen)

Sprache Art.' – ‚Ich begehre Nichts, o Herre, als nur deine freie Gnad!' das ist nach dem Gesetz oder der Regel des Glaubens geredet (Lk 18,13.14; 15,20 ff.); davon geht Gott nicht ab."

II. Der Streit um das rechte Verständnis der Theologie des Paulus als Streit um den rechten Schriftgebrauch

Blickt man auf die unter dem Titel einer „neuen Perspektive auf Paulus" geführte Diskussion, stellt sich rasch der Eindruck ein, dass die noch 1912 so kräftig beschworen und bildkräftig vor Augen gestellten „Grundpfeiler" reformatorischen Christentums wanken, und zwar beide Säulen, die den Vorhof des salomonischen und auf die Kirche übertragenen Tempels (vgl. 1. Kön 7,21) tragen und eröffnen: sowohl die Schrift als Inbegriff der Wahrheit als auch der Glaube, der sich der Macht des Wortes anvertraut. Und es ist keineswegs nur römische Wortklauberei, sondern auch die in der modernen Exegese jenseits aller konfessionellen Differenzen eingeübte philologische und historische Gelehrsamkeit und Gewissenhaftigkeit, die an der Haltbarkeit jener lutherischen Lesart zweifeln lässt. Um hier Klarheit und Gewissheit zu gewinnen, reicht es nicht, sich lediglich auf Autoritäten zu berufen. Dass Luthers Verständnis der Rechtfertigung im Sinne der Heiligen Schrift und ihrer „Sache" ist, ja dass Gott selbst davon nicht „abgeht", das muss immer wieder neu eben im Hören auf das Zeugnis der Schrift geprüft werden. Luther ist in diesem Prozess des Hörens und der Prüfung lediglich ein Zeuge, freilich ein Zeuge, der es verdient gehört zu werden, nicht nur deswegen, weil er den biblischen Schriften seine intensive Aufmerksamkeit über Jahrzehnte hin geschenkt hat, sondern vor allem auch, weil er in ihnen die Kraft eines lebendigen, Leben schaffenden Wortes vernommen und weitergegeben hat.

Als Gesprächspartner einbezogen in die aktuelle Debatte der neutestamentlichen Wissenschaft, ist Luther daher nicht nur derjenige, der sich das Verhör durch Belehrungen und Fragen einer vermeintlich fortgeschrittenen Forschung gefallen lassen muss. Das Frageverhältnis kann sich auch

umkehren, wenn denn Luther in der Art und Weise, wie er biblische Texte
gelesen hat und auf sich hat wirken lassen, Zusammenhänge wahrgenommen hat, die in der modernen Exegese methodisch ausgeblendet
oder auch übersehen werden. Die schlichte Frage, wer denn nun Recht
habe, Luther oder die Verfechter einer „neuen Perspektive auf Paulus",
lässt sich wohl kaum so einfach im Sinne eines Entweder–Oder beant-
worten. Die Möglichkeit, dass die neuere Forschung etwas gesehen hat,
was Luther so nicht gesehen oder auch verkehrt wahrgenommen hat, ist
ebenso wenig von der Hand zu weisen wie die andere Möglichkeit, dass
Luther in anderer Hinsicht mehr wahrgenommen hat. Aber woran lässt
sich ein Mehr an Erkenntnis bemessen? So viel ist deutlich: Im Gespräch
mit Luther geht es nicht nur um diese oder jene Einzelbeobachtungen zu
einzelnen Texten in ihrem jeweiligen historischen Entstehungszusam-
menhang, sondern vielmehr auch um Grundfragen einer theologischen
Hermeneutik. Welche Art des Umgangs mit biblischen Texten ist sach-
gemäß? Und wie kann sich die „Sache" des Textes, die Luther entscheidend als „Kraft Gottes" (Röm 1,16) erkannt hat, in ihrer eigenen
Dynamik entfalten?

Der Streit um das rechte Verständnis der Theologie des Paulus ist somit
auch ein Streit um rechten Schriftgebrauch und die Schriftgemäßheit der
Theologie überhaupt. Diesen Streit in der erforderlichen Sachlichkeit aus-
zutragen, ist hier nicht der Ort. Ich muss es bei einer Problemanzeige
belassen und konzentriere mich im Folgenden auf exemplarische Hinweise
auf Luthers Auslegung von Röm 3,28, so wie er sie in fünf Thesenreihen
zusammenfassend vorgetragen hat[1].

---

[1]   WA 39/1, 44–53; 82–86; 202–204. Wir zitieren im Folgenden nach der Lateinisch-
Deutschen Studienausgabe, Bd. 2: Christusglaube und Rechtfertigung, hg. von
JOHANNES SCHILLING, Leipzig 2006, 401–441 (Übersetzung von HELLMUT ZSCHOCH)
unter Angabe der jeweiligen Thesenreihe mit römischer und der Einzelthese mit
arabischer Ziffer.

III. Luthers Auslegung von Röm 3,28 im Zusammenhang

Die in den Jahren 1535 bis 1537 entstandenen Thesen werden in der ersten Sammelveröffentlichung von 1538 unter die folgende Überschrift gestellt: Luther lege in ihnen „aufs Sorgfältigste die einzelnen Worte jener paulinischen Aussage aus Römer 3 aus"[2]. In der Tat geht Luther Wort für Wort vor. Die in dem Leitsatz („hominem iustificari fide absque operibus legis") vorkommenden Substantive „Mensch", „Glaube", „Werke" und „Gesetz" sowie das Verb „gerechtfertigt werden" geben die Themen an, denen sich Luther jeweils schwerpunktmäßig zuwendet. Ausdrücklich herausgestellt ist das in den Überschriften zu den ersten beiden und zur letzten Thesenreihe: „De fide", „De lege" und „De operibus legis et gratiae". Die dritte Thesenreihe behandelt den Vorgang des Gerechtfertigt-werdens mit Hilfe der Unterscheidung zwischen der „ratio iustificandi coram Deo" und „coram hominibus". Mit der vierten Thesenreihe wird so-dann der Blick auf den Menschen gerichtet, genauer gesagt: auf den Menschen, der als Sünder der Rechtfertigung bedarf („homo iustificandus"). Den einen Satz Wort für Wort auszulegen, heißt nun allerdings gerade nicht, das mit dem Wort Gemeinte isoliert zu betrachten. Vielmehr gilt es die Begriffe in ihrem Zusammenhang zu bedenken. Sie bilden ein „seman-tisches Feld"[3], in dem sie einander ergänzen oder auch widersprechen, so oder so aber konstitutiv aufeinander bezogen sind. In Röm 3,28 findet Luther dieses Beziehungsfeld aufs Äußerste verdichtet, gleichsam ver-knotet, und mit seinen Thesen unternimmt er nichts anderes, als dass er von je unterschiedlichen Ausgangspunkten und in immer wieder neuen Verhältnisbestimmungen die eine „Sache" zu verstehen sucht, die hier zur Sprache kommt. In diesem Sinn handelt es sich um ein systematisches Vorgehen, freilich um ein solches, das die Systematik dem Wortlaut des

---

[2] „IN SEQUENTIBUS QUINque Disputationibus diligentißime expendit Doctor Martinus Lutherus singulas voces huius Paulini dicti, Roma. 3", aaO, S. 401.

[3] Vgl. dazu auch die hermeneutischen Überlegungen von MICHAEL WOLTER, Paulus. Ein Grundriss seiner Theologie, Neukirchen-Vluyn 2011, S. 342 .

Textes zu entnehmen sucht und sich im sorgfältigen Hören von einem bloßen Konstruieren unterscheidet[4].

Was Luther zu Glaube, Gesetz, Rechtfertigung, Sünde und Werken des Menschen ausführt, greift also vielfältig ineinander. Dass es sich hier um einen Zusammenhang handelt, ist für Luther in einer doppelten Voraussetzung begründet, wie sie sich für ihn als Glaubensgewissheit erschlossen hat. Zum einen ist es seine Überzeugung, dass die Heilige Schrift als Werk des Heiligen Geistes eine Einheit bildet. Was Paulus schreibt, findet er in der Vielstimmigkeit biblischer Zeugnisse weniger in Frage gestellt als vielmehr bestätigt, so wie in einem Orchester ein Instrument im Zusammenspiel mit anderen allererst recht zum Klingen gebracht wird. Entsprechend rekurriert Luther in seiner Paulusexegese immer wieder auch auf andere biblische Zeugen, insbesondere auch auf das Johannesevangelium. Entsprechend kann er assertorisch formulieren: „Die Schrift verkündet …" (I, These 28: „Scriptura autem clamat …"). Will man in dieser Hinsicht vom Schriftprinzip Luthers sprechen, sollte man jedoch zur Klarstellung auch die zweite Voraussetzung beachten. Noch ‚prinzipieller' als die Schrift ist für Luther Christus als das Wort, das „im Anfang" war (Joh 1,1) und mit dem schöpferischen Wort Gottes identisch ist. In einer These formuliert: „Die Schrift darf nicht gegen, sondern muss für Christus verstanden werden, das heißt, entweder bezieht man sie auf ihn oder lässt sie nicht als wahre Schrift gelten." (I, These 41: „Et Scriptura est, non contra, sed pro Christo, intelligenda, ideo vel ad eum referenda vel pro vera Scriptura non habenda.")

Mit dieser christologischen These ist gleichsam der Angelpunkt benannt, von dem her sich entscheidet, was unter Glaube, Gesetz, Recht-

---

[4] Insofern mag man bezweifeln, ob das, was wir „paulinische Rechtfertigungslehre" nennen, immer „die Konstruktion eines theologischen Begründungszusammenhangs [bedeutet], der seinen Ort nicht in der Sprache der paulinischen Briefe hat, sondern in der Sprache der Paulusinterpretation" (so WOLTER, aaO, S. 342). Luther jedenfalls entwickelt ‚seine' Rechtfertigungslehre konsequent in der Entfaltung des paulinischen Sprachgebrauchs.

fertigung, Sünde und Werken des Menschen in Wahrheit zu verstehen ist. „Zusammengefasst: Christus ist Herr, nicht Knecht, Herr über den Sabbat, über das Gesetz und über alles." (I, These 40) Er ist „von Gott als Haupt und als Führer zu Gerechtigkeit und Leben eingesetzt, durch den und in dem wir leben und gerettet werden." (I, These 48) Noch schärfer zugespitzt: „Wenn nun die Gegner die Schrift gegen Christus treiben, dann treiben wir Christus gegen die Schrift." (I, These 49) In der Begegnung mit dem lebendigen Christus wird die Schrift sprechend. Eben das wird man aber auch für Paulus als eine seine Theologie insgesamt bestimmende Erfahrung annehmen dürfen. Die als Damaskuserlebnis bezeichnete Lebenswende hat ja entscheidend geprägt und umgeprägt (vgl. nur Phil 3,7–10), was Paulus fortan als Wahrheit des Glaubens im Blick auf Gesetz und Gerechtigkeit vertreten hat. Sofern Luther dieses solus Christus in aller Klarheit herausgestellt hat, ist seine Theologie durchaus im Sinne des Paulus[5].

Aber gilt das ebenso auch für die Konsequenzen, die Luther aus dieser Einsicht für das Verständnis von Glaube, Gesetz, Rechtfertigung, Sünde und Werken gezogen hat? Ohne Luthers einschlägige Ausführungen ausführlich vorstellen und kommentieren zu können, hebe ich nur die Gedanken heraus, die mir im Gespräch mit der neueren Paulusforschung als Korrektiv und Herausforderung wichtig erscheinen.

IV.   Einzelne Themen:
Gesetz – Glaube – Rechtfertigung – Sünde – Werke

1.   Ein reduktives Verständnis des Gesetzes und der „Werke des Gesetzes" im Sinne des Zeremonialgesetzes verkennt sowohl die universale Bedeutung des Heilswerks Jesu Christi als auch die Gleichheit von Juden

---

[5]   Siehe dazu oben HANS-CHRISTIAN KAMMLER S. 26 f. (Zitat von OTFRIED HOFIUS) und S. 57 ff.

und Heiden in ihrer Erlösungsbedürftigkeit. „Paulus redet einfach und umfassend [simpliciter et universaliter] vom Gesetz" (II, These 4). Würde er nur vom Zeremonialgesetz oder Kultgesetz und den in ihm gebotenen Werken wie dem der Beschneidung reden, verlöre auch die Erlösung ihre universale, alle Menschen betreffende Bedeutung. Christus hätte mit seinem Tod nichts anderes bewirkt, „als nur die Juden vom Kultgesetz zu befreien oder nur den Kult abzuschaffen" (II, These 18). Für die Heiden bliebe diese Erlösung irrelevant. Ihnen würde „die Befreiung vom Gesetz und seinen Sünden verkündigt, die es bei ihnen nicht gibt" (II, These 24). Und – so könnte man Luthers Argumentation ergänzen – ginge es Paulus lediglich darum, die Heiden vom Kultgesetz auszunehmen, bliebe unklar, worin die erlösende Bedeutung des Kreuzestodes Jesu für die Juden bestünde. Nun sieht Paulus aber beide, Juden ebenso wie Heiden, in derselben Situation: „Die ganze Welt ist vor Gott schuldig, weil aus Werken des Gesetzes kein Mensch gerechtfertigt wird." (II, These 7; vgl. Röm 3,10–20) Werke des Gesetzes sind demnach solche, an denen alle Menschen schuldig werden und mit denen sie gegenüber dem „simpliciter et universaliter" verstandenen Gesetz schuldig bleiben. Dass Paulus das Gesetz in diesem weiten, das moralische Gesetz einschließenden Sinne versteht, wird nicht zuletzt in Röm 7 deutlich, wenn Paulus dort das letzte Gebot des Dekalogs und zugleich das urgeschichtliche Gebot aus Gen 2 als Stimme des Gesetzes anführt („Du sollst nicht begehren!" Vgl. II, These 6).

2. Glaube ist die dem Werk und Wirken Jesu Christi gemäße Lebenseinstellung. Weil und insofern Glaube für Paulus strikt Christusglaube ist, gilt die exklusive Formulierung des sola fide. Der Glaube rechtfertigt uns „ohne Gesetz und Werke", weil und insofern „Gottes Barmherzigkeit" in Jesus Christus das Werk vollbringt, um das wir uns mit unseren Werken vergeblich bemühen (vgl. I, These 25). Glaube bedeutet anzunehmen, was uns in Christus durch das Evangelium mitgeteilt wird. Als fides apprehensiva (I, These 12) ist er streng von einer bloßen Betrachtung (fides historica) und bloßem Wissen zu unterscheiden. So wenig er sich in bloßer Spekulation erschöpft, so sehr nimmt er das, was im Evangelium zugesprochen wird, in Gebrauch (vgl. I, 20). Allein ein solcher Glaube bringt „Christus in uns zur Wirkung […] gegen Tod, Sünde und Gesetz" (I, These

10). Seine Kraft liegt im Empfangen, in einer Passivität, die zugleich schöpferische Aktivität freisetzt. Eben weil es sich um eine im strengen Sinn schöpferische Potenz handelt, kann der Mensch sie sich nicht selbst zuschreiben. Der wahre Glaube muss als „Gabe des Heiligen Geistes verstanden werden" (I, These 1). Er ist lebendig, sofern er Christus wirken lässt. Rechtfertigungsglaube und Schöpfungsglaube bilden hier zwei Seiten einer einzigen Erkenntnis: „Wie es lästerlich ist zu behaupten, man sei sein eigener Gott, Schöpfer und Hervorbringer, so lästerlich ist [auch die Behauptung], man werde durch seine Werke gerechtfertigt." (I, These 71)

3. Rechtfertigung ist für Luther ein schöpferischer Prozess, der durch eigene Werke bzw. Werke aus eigener Kraft nicht herbeigeführt werden kann, der aber wahrhaft gute Werke geradezu automatisch (sponte; vgl. I, These 34) zur Folge hat. In diesem Prozess ist der Mensch kraft des Heiligen Geistes engagiert. Rechtfertigung bedeutet nicht nur, dass der Mensch, der auch als Glaubender noch Sünder ist, „um Christi willen als gerecht betrachtet" wird (III, These 33). Vielmehr wird der Mensch im Glauben in einen Prozess des Gerechtfertigwerdens hineingezogen. In diesem Prozess liegt das Ziel der Gerechtigkeit zwar außerhalb dessen, was er mit seinen Werken ergreifen kann; insofern handelt es sich um eine Gerechtigkeit „extra nos et aliena nobis" (III, These 27). Gleichwohl oder auch eben deswegen ist es aber auch eine Gerechtigkeit, die den Menschen im Innersten zu bewegen vermag, eine Gerechtigkeit, die ihn auf den Weg des Gerechtwerdens führt. „Dass der Mensch gerechtfertigt wird, bedeutet nämlich nach unserer Meinung, dass er noch nicht gerecht ist, sondern sich erst in einer Bewegung oder einem Lauf auf die Gerechtigkeit zu befindet." (III, These 23)

4. Das Missverhältnis des Menschen zum gegebenen Gesetz besteht darin, dass er es nicht erfüllen kann, und zwar deswegen nicht erfüllen kann, weil er es in der Tiefe seines Herzens nicht erfüllen will und dieses

Wollen von sich aus nicht zum Guten verändern kann[6]. Der Unwille und zugleich die Unfähigkeit des Menschen ist darin begründet, dass „das Gesetz Gottes […] nicht tief in unserem Herzen" wohnt (II, These 82). Eben hier, wo das Gesetz nicht (oder noch nicht) eingekehrt ist, wurzelt die Sünde in jenem radikalen Sinn, den Luther insbesondere in der vierten Thesenreihe zu bedenken gibt. Die Sünde „groß zu machen" („Peccatum est valde magnificandum et amplificandum." IV, These 28), das heißt für Luther vor allem, die Sünde vom ersten Gebot her zu verstehen: Dieses Gebot fordert den Glauben des Herzens, zu dem der Mensch als Sünder gerade nicht bereit ist. Der Unglaube manifestiert sich konkret darin, dass die Menschen nicht an den gekreuzigten Christus glauben, in dem ihnen doch die Barmherzigkeit Gottes begegnet. „Nicht an Christus glauben ist ungläubig, unwissend und von Gott abgewandt sein, der Christus als Retter verheißen hat. Darum sagt Paulus zu Recht, dass alles in den Unglauben eingeschlossen ist, damit sich Gott über alles erbarme. Dieser Unglaube zieht alle anderen Sünden nach sich, denn er ist die Hauptsünde gegen das erste Gebot." (IV, Thesen 9–11) Im Spiegel des Gesetzes, das vom ersten Gebot her verstanden und ausgelegt werden will, wird die Sünde in ihrer Wurzel deutlich. Das Gesetz führt zur Erkenntnis der Sünde (Röm 3,20). Um die Sünde jedoch zu überwinden, bedarf es des Evangeliums, das im Herzen die Wende vom Unglauben zum Glauben zu bewirken vermag und damit auch das Missverhältnis des Menschen unter dem Gesetz ins Positive wendet.

5. Das Gesetz und die ihm entsprechenden Werke sind notwendig. „Alle Werke sind notwendig, sowohl die des Gesetzes als auch die der Gnade." (V, These 1) Der Mensch hat zeit seines Lebens mit dem Gesetz zu tun. Er kann es und soll es auch nicht ,loswerden' (vgl. V, These 28: „Das

---

[6]   Wenn KAMMLER (oben S. 40 f.) den „fundamentalen Unterschied zwischen Paulus auf der einen Seite und lutherisch geprägten Paulusinterpreten […] auf der anderen Seite" darin erkennt, dass diese die Verfehlung in einem gerecht werden *Wollen* sehen, während Paulus selbst behauptet, „dass der Mensch durch ‚Gesetzeswerke' *nicht* gerecht werden *kann*", so dürfte Luther selbst in dieser Hinsicht sehr wohl mit Paulus übereinstimmen.

Gesetz ist also nicht in der Weise erledigt, als sei es nichts oder als müsse man sich nicht nach ihm richten"). Und es soll als das verbindliche Dokument des Willens Gottes erfüllt werden, durch den Glauben „in diesem Leben" (V, These 17) und durch die Liebe „im künftigen Leben […], wenn wir als neue Schöpfung Gottes vollkommen sein werden." (V, These 18) Das Ende des Gesetzes ist insofern ein eschatologisches Datum (vgl. das Futur in V, These 26). Erst wenn die „Sache selbst" („res ipsa", V, These 19), um die es im Gesetz geht, vollkommen präsent sein wird, wenn der Wille Gottes uns zur „Natur" geworden sein wird (vgl. V, These 22), erst dann wird das Gesetz in seiner Erfüllung aufgehoben sein. Im Glauben an das Evangelium, das als Kraft der neuen Schöpfung wirksam ist, wird dieses Ende allenfalls vorweggenommen.

5. Teil: Register

Literaturverzeichnis

ALTHAUS, PAUL: Paulus und Luther über den Menschen. Ein Vergleich, Gütersloh 1958

ARMBRUSTER, JÖRG: Luthers Bibelvorreden. Studien zu ihrer Theologie (AGWB 5), Stuttgart 2005

AVEMARIE, FRIEDRICH: Tora und Leben. Untersuchungen zur Heilsbedeutung der Tora in der frühen rabbinischen Literatur (TSAJ 55), Tübingen 1996

–: Erwählung und Vergeltung. Zur optionalen Struktur rabbinischer Soteriologie, NTS 45 (1999) S. 108–126

BAUER, KARL: Die Wittenberger Universitätstheologie und die Anfänge der deutschen Reformation, Tübingen 1928

BAYER, OSWALD: Die reformatorische Wende in Luthers Theologie, ZThK 66 (1969) S. 115–150

–: Martin Luthers Theologie. Eine Vergegenwärtigung, Tübingen ²2004

–: Promissio. Geschichte der reformatorischen Wende in Luthers Theologie, Göttingen 1971 = Darmstadt ²1989

BEKENNTNISSCHRIFTEN DER EVANGELISCH-LUTHERISCHEN KIRCHE (BSLK), Göttingen ¹³2010

BERGMEIER, ROLAND: Gerechtigkeit, Gesetz und Glaube bei Paulus. Der judenchristliche Heidenapostel im Streit um das Gesetz und seine Werke (BThSt 115), Neukirchen-Vluyn 2010

BORNKAMM, GÜNTHER: Sünde, Gesetz und Tod. Exegetische Studie zu Röm 7, in: DERS., Das Ende des Gesetzes. Paulusstudien. Gesammelte Aufsätze I (BEvTh 16), München 1959, S. 51–69

BORNKAMM, KARIN: Luthers Auslegungen des Galaterbriefs von 1519 und 1531. Ein Vergleich (AKG 35), Berlin 1963

BOSMAN, PHILIP: Conscience in Philo and Paul. A Conceptual History of the Synoida Word Group (WUNT II/166), Tübingen 2003

BULTMANN, RUDOLF: Art. καυχάομαι κτλ., ThWNT III, 1938, S. 646–654

–: Art. πιστεύω κτλ. D: ThWNT VI, 1959, S. 203–230

–: Glossen im Römerbrief (1947), in: DERS., Exegetica. Aufsätze zur Erforschung des Neuen Testaments (hg. von Erich Dinkler), Tübingen 1967, S. 278–284

–: Theologie des Neuen Testaments (durchgesehen und ergänzt von Otto Merk) (UTB 630), Tübingen ⁹1984

DIETZFELBINGER, CHRISTIAN: Die Berufung des Paulus als Ursprung seiner Theologie (WMANT 58), Neukirchen-Vluyn ²1989

–: Der Sohn. Skizzen zur Christologie und Anthropologie des Paulus (BThSt 118), Neukirchen-Vluyn 2011

DUNN, JAMES D. G.: Romans 1 – 8 (WBC 38A), Dallas, Texas 1988

–: The Epistle to the Galatians (BNTC 9), London ²2002

–: The New Perspective on Paul, BJRL 65 (1983) S. 95–122; jetzt auch in: DERS., The New Perspective on Paul. Collected Essays (WUNT 185), Tübingen 2005, S. 89–110

–: The New Perspective: Whence, what and whither?, in: DERS., Collected Essays, S. 1–88

–: Works of the Law and the curse of the Law (Galatians 3,10–14) (1985), in: DERS., Collected Essays, S. 111–130

–: The Justice of God. A renewed perspective on justification by faith (1992), in: DERS., Collected Essays, S. 187–205

–: Yet once more – ‚The Works of the Law'. A Response (1992), in: DERS., Collected Essays, S. 207–220

EBELING, GERHARD: Die Wahrheit des Evangeliums. Eine Lesehilfe zum Galaterbrief, Tübingen 1981

–: Das Gewissen in Luthers Verständnis. Leitsätze, in: DERS., Lutherstudien. Band III: Begriffsuntersuchungen – Textinterpretationen – Wirkungsgeschichtliches, Tübingen 1985, S. 108–125

–: Einfalt des Glaubens und Vielfalt der Liebe. Das Herz von Luthers Theologie, in: DERS., Lutherstudien. Band III, S. 126–153

ECKERT, JOSEF: Die urchristliche Verkündigung im Streit zwischen Paulus und seinen Gegnern nach dem Galaterbrief (BU 6), Regensburg 1971

ECKSTEIN, HANS-JOACHIM: Der Begriff Syneidesis bei Paulus (WUNT II/10), Tübingen 1983

–: Verheißung und Gesetz. Eine exegetische Untersuchung zu Galater 2,15 – 4,7 (WUNT 86), Tübingen 1996

FREY, JÖRG: Das Judentum des Paulus, in: ODA WISCHMEYER (HG.), Paulus. Leben – Umwelt – Werk – Briefe (UTB 2767), Tübingen – Basel ²2012, S. 25–65

GRÄSSER, ERICH: „Ein einziger ist Gott" (Röm 3,30). Zum christologischen Gottesverständnis bei Paulus, in: DERS., Der Alte Bund im Neuen. Exegetische Studien zur Israelfrage im Neuen Testament (WUNT 35), Tübingen 1985, S. 231–258

GRANE, LEIF: Augustins „Expositio quarundam propositionum ex epistola ad Romanos" in Luthers Römerbriefvorlesung, ZThK 69 (1972) S. 304–330

HAACKER, KLAUS: Der Brief des Paulus an die Römer (ThHK 6), Leipzig 1999, Neuauflage 2006

–: Verdienste und Grenzen der „neuen Perspektive" der Paulus-Auslegung, in: MICHAEL BACHMANN (HG.), Lutherische und Neue Paulusperspektive. Beiträge zu einem Schlüsselproblem der gegenwärtigen exegetischen Diskussion (WUNT 182), Tübingen 2005, S. 1–15

HÄRLE, WILFRIED: Glaube und Liebe bei Martin Luther, in: DERS., Menschsein in Beziehungen. Studien zur Rechtfertigungslehre und Anthropologie, Tübingen 2005, S. 145–168

–: Paulus und Luther. Ein kritischer Blick auf die ‚New Perspective', ZThK 103 (2006) S. 362–393

HENGEL, MARTIN / DEINES, ROLAND: E.P. Sanders' Common Judaism, Jesus und die Pharisäer, in: MARTIN HENGEL, Judaica et Hellenistica. Kleine Schriften I (WUNT 90), Tübingen 1996, S. 392–479

HOFIUS, OTFRIED: Sühne und Versöhnung. Zum paulinischen Verständnis des Kreuzestodes Jesu, in: DERS., Paulusstudien I (WUNT 51), Tübingen 1989, S. 33–49

–: Gesetz und Evangelium nach 2. Korinther 3; in: DERS., Paulusstudien I, S. 75–120

–: „Rechtfertigung des Gottlosen" als Thema biblischer Theologie, in: DERS., Paulusstudien I, S. 121–147

–: Das Evangelium und Israel. Erwägungen zu Römer 9–11, in: DERS., Paulusstudien I, S. 175–202

–: Paulusstudien II (WUNT 143), Tübingen 2002

–: „Die Wahrheit des Evangeliums". Exegetische und theologische Erwägungen zum Wahrheitsanspruch der paulinischen Verkündigung, in: DERS., Paulusstudien II, S. 17–37

–: Der Mensch im Schatten Adams. Röm 7,7–25a, in: DERS., Paulusstudien II, S. 104–154

–: „Werke des Gesetzes". Untersuchungen zu der paulinischen Rede von den ἔργα νόμου, in: DERS., Exegetische Studien (WUNT 223), Tübingen 2008, S. 49–88

HÜBNER, HANS: Pauli theologiae proprium, in: DERS., Biblische Theologie als Hermeneutik. Gesammelte Aufsätze (hg. von Antje Labahn und Michael Labahn), Göttingen 1995, S. 40–68

–: Was heißt bei Paulus „Werke des Gesetzes"?, in: DERS., Biblische Theologie als Hermeneutik, S. 166–174

JÜNGEL, EBERHARD: Das Evangelium von der Rechtfertigung des Gottlosen als Zentrum des christlichen Glaubens. Eine theologische Studie in ökumenischer Absicht, Tübingen 1998

KÄSEMANN, ERNST: Paulinische Perspektiven, Tübingen ²1972

–: An die Römer (HNT 8a), Tübingen ⁴1980

KAMMLER, HANS-CHRISTIAN: Christologie und Eschatologie. Joh 5,17–30 als Schlüsseltext johanneischer Theologie (WUNT 126), Tübingen 2000

–: Rezension von Philipp Bosman, Conscience in Philo and Paul. A Conceptual History of the Synoida Word Group (WUNT II/166), in: BZ.NF 51 (2007) S. 139–141

KLAIBER, WALTER: Gerecht vor Gott. Rechtfertigung in der Bibel und heute (BTSP 20), Göttingen 2000

KLEIN, GÜNTER: Art. „Gesetz", TRE 13, 1984, S. 58–75

KÜMMEL, WERNER GEORG: Römer 7 und die Bekehrung des Paulus (1929), in: DERS., Römer 7 und das Bild des Menschen im Neuen Testament. Zwei Studien (ThB 53), München 1974, S. 1–160

LANDMESSER, CHRISTOF: Der paulinische Imperativ als christologisches Performativ. Eine begründete These zur Einheit von Glaube und Leben im Anschluß an Phil 1,27 – 2,18, in: CHRISTOF LANDMESSER / HANS-JOACHIM

ECKSTEIN / HERMANN LICHTENBERGER (HG.), Jesus Christus als die Mitte der Schrift. Studien zur Hermeneutik des Evangeliums. Festschrift für Otfried Hofius (BZNW 86), Berlin – New York 1997, S. 543–577

–: Luther und Paulus. Eine Rezension in exegetischer Perspektive zu einem Buch von Volker Stolle, NZSTh 48 (2006) S. 222–238

–: Umstrittener Paulus. Die gegenwärtige Diskussion um die paulinische Theologie, ZThK 105 (2008) S. 387–410

LANG, FRIEDRICH: Gesetz und Bund bei Paulus, in: JOHANNES FRIEDRICH / WOLFGANG PÖHLMANN / PETER STUHLMACHER (HG.), Rechtfertigung. Festschrift für Ernst Käsemann zum 70. Geburtstag, Tübingen 1976, S. 305–320

LICHTENBERGER, HERMANN: Das Ich Adams und das Ich der Menschheit. Studien zum Menschenbild von Röm 7 (WUNT 164), Tübingen 2004

LOHSE, EDUARD: Der Brief an die Römer – übersetzt und erklärt (KEK 4), Göttingen 2003

MAIER, JOHANN: Die Qumran-Essener: Die Texte vom Toten Meer. Band II: Die Texte der Höhle 4 (UTB 1863), München / Basel 1995

MARTINEZ, FLORENTINA GARCIA / TIGCHELAAR, EIBERT J.C.: The Dead Sea Scrolls. Study Edition II: 4Q274–11Q31, Leiden u.a. bzw. Grand Rapids, Michigan/Cambridge, U.K., 2000

MASCHMEIER, JENS-CHRISTIAN: Rechtfertigung bei Paulus. Eine Kritik alter und neuer Paulusperspektiven (BWANT 189), Stuttgart 2010

MUSSNER, FRANZ: Der Galaterbrief (HThK IX), Freiburg – Basel – Wien ⁵1988

PESCH, OTTO HERMANN: Hinführung zu Luther, 3., aktual. und erw. Neuaufl., Mainz 2004

RÄISÄNEN, HEIKKI: Paul and the Law (WUNT 29), Tübingen ²1987

RIEGER, HANS-MARTIN: Eine Religion der Gnade. Zur „Bundesnomismus"-Theorie von E.P. Sanders, in: FRIEDRICH AVEMARIE / HERMANN LICHTENBERGER (HG.), Bund und Tora. Zur theologischen Begriffsgeschichte in alttestamentlicher, frühjüdischer und urchristlicher Tradition (WUNT 92), Tübingen 1996, S. 129–161

SÄNGER, DIETER: Die Verkündigung des Gekreuzigten und Israel. Studien zum Verhältnis von Kirche und Israel bei Paulus und im frühen Christentum (WUNT 75), Tübingen 1994

SANDERS, ED PARISH: Paul. A very short introduction, Oxford 1991 (deutsch: Paulus. Eine Einführung [RUB 9365], Stuttgart 1995)

–: Paul and Palestinian Judaism. A Comparison of Patterns of Religion, London 1977 (deutsch: Paulus und das palästinische Judentum. Ein Vergleich zweier Religionsstrukturen [STUNT 17], Göttingen 1985)

–: Paul, the Law, and the Jewish People, Philadelphia 1983

SCHLOEMANN, MARTIN: Die zwei Wörter. Luthers Notabene zur „Mitte der Schrift", Luther 65 (1994) S. 110–123

SCHMIDT, MARTIN: Luthers Vorrede zum Römerbrief, in: DERS., Wiedergeburt und neuer Mensch (AGP 2), Witten 1969

SCHMITHALS, WALTER: Der Römerbrief. Ein Kommentar, Gütersloh 1988

SCHWEITZER, ALBERT: Die Mystik des Apostels Paulus, Tübingen 1930 = ²1954

SÖDING, THOMAS: Der Erste Thessalonicherbrief und die frühe paulinische Evangeliumsverkündigung. Zur Frage einer Entwicklung der paulinischen Theologie, in: DERS., Das Wort vom Kreuz. Studien zur paulinischen Theologie (WUNT 93), Tübingen 1997, S. 31–56

SPANJE, TEUNIS ERIK VAN: Inconsistency in Paul? A critique of the work of Heikki Räisänen (WUNT II/110), Tübingen 1999

STEGEMANN, HARTMUT: Die Essener, Qumran, Johannes der Täufer und Jesus. Ein Sachbuch (Herder Spektrum 4128), Freiburg u.a. ²1993

STENDAHL, KRISTER: The Apostle Paul and the Introspective Conscience of the West, HThR 56 (1963) S. 199–215 (deutsch: Der Apostel Paulus und das „introspektive" Gewissen des Westens, KuI [1996] S. 19–33)

–: Paul among Jews and Gentiles and other Essays, Philadelphia ²1978

–: Der Jude Paulus und wir Heiden. Anfragen an das abendländische Christentum (KT 36), München 1978

STOLLE, VOLKER: Luther und Paulus. Die exegetischen und hermeneutischen Grundlagen der lutherischen Rechtfertigungslehre im Paulinismus Luthers (ABG 10), Leipzig 2002

–: Nomos zwischen Tora und Lex. Der paulinische Gesetzesbegriff und seine Interpretation durch Luther in der zweiten Disputation gegen die Antinomer vom 12. Januar 1538, in: MICHAEL BACHMANN (HG.), Lutherische und Neue Paulusperspektive. Beiträge zu einem Schlüsselproblem der gegenwärtigen exegetischen Diskussion (WUNT 182), Tübingen 2005, S. 41–67

STRECKER, CHRISTIAN: Paulus aus einer „neuen Perspektive". Der Paradigmenwechsel in der jüngeren Paulusforschung, KuI 11 (1996) S. 3–18

STUHLMACHER, PETER: Zur neueren Exegese von Röm 3,24–26, in: DERS., Versöhnung, Gesetz und Gerechtigkeit. Aufsätze zur biblischen Theologie, Göttingen 1981, S. 117–135

–: Biblische Theologie des Neuen Testaments. Band 1: Grundlegung. Von Jesus zu Paulus, Göttingen 1992

–: Zum Thema Rechtfertigung, in: DERS., Biblische Theologie und Evangelium. Gesammelte Aufsätze (WUNT 146), Tübingen 2002, S. 23–65

WERNLE, PAUL: Der Christ und die Sünde bei Paulus, Freiburg bzw. Leipzig 1897

WILCKENS, ULRICH: Was heißt bei Paulus: „Aus Werken des Gesetzes wird kein Mensch gerecht"? (1969), in: DERS., Rechtfertigung als Freiheit. Paulusstudien, Neukirchen-Vluyn 1974, S. 77–109

WISE, MICHAEL / ABEGG, MARTIN JR. / COOK, EDWARD: Die Schriftrollen von Qumran. Übersetzung und Kommentar. Mit bisher unveröffentlichten Texten (hg. von Alfred Läpple), Augsburg 1997

WOLTER, MICHAEL: Paulus. Ein Grundriss seiner Theologie, Neukirchen-Vluyn 2011

WREDE, WILLIAM: Paulus (1904), in: KARL HEINRICH RENGSTORF (HG.), Das Paulusbild in der neueren deutschen Forschung (WdF XXIV), Darmstadt 1964 = ³1982, S. 1–97

WRIGHT, NICHOLAS THOMAS: The Climax of the Covenant. Christ and the Law in Pauline Theology, Edinburgh 1991

Bibelstellenregister

WA-Fundstellen

WA-Fundstellen

Autorenregister

Autoren des Tagungsbandes

OSWALD BAYER

em. Professor für Systematische Theologie, Evang.-theologische Fakultät Tübingen

HANS-CHRISTIAN KAMMLER

Privatdozent für Neues Testament, Evangelisch-theologische Fakultät Tübingen

JONATHAN KÜHN

Vikar in Holzkirchen (Evang.-Lutherische Kirche in Bayern)

URS CHRISTIAN MUNDT

Student der Theologie in Tübingen

VOLKER STÜMKE

Professor für Sozialethik an der Führungsakademie der Bundeswehr in Hamburg

JOHANNES VON LÜPKE

Professor für Systematische Theologie, Kirchliche Hochschule Wuppertal

Programm der Frühjahrstagung 2012

Sonntag, den 26. Februar 2012

17.30 Uhr	Eröffnung der Tagung, Informationen der Luther-Akademie
19.00 Uhr	„New Perspective on Paul. Thesen und Probleme" PD Dr. Hans-Christian Kammler, Tübingen
anschl.	Complet im Dom

Montag, den 27. Februar 2012

08.30 Uhr	Mette im Dom
09.15 Uhr	1. Arbeitseinheit: „Ins Angesicht widerstehen" (Gal 2,11–21)
11.00 Uhr	2. Arbeitseinheit: Luthers Auslegung von Gal 2,11–21
15.00 Uhr	3. Arbeitseinheit: „Christus – zum Fluch geworden für uns" (Gal 3,1–14)
17.00 Uhr	4. Arbeitseinheit: Luthers Auslegung von Gal 3,1–14
19.30 Uhr	Öffentlicher Abendvortrag: „Das paulinische Erbe bei Luther" Prof. Dr. Oswald Bayer, Tübingen
anschl.	Complet im Dom

Dienstag, den 28. Februar 2012

08.30 Uhr   Mette im Dom

09.15 Uhr   5. Arbeitseinheit: „Rechtfertigung – aus Glauben allein?"
(Röm 3,21–31)

11.00 Uhr   6. Arbeitseinheit: Luthers Auslegung von Röm 3,21–31

15.00 Uhr   7. Arbeitseinheit: „Ich elender Mensch!" (Röm 7,7–25)

17.00 Uhr   8. Arbeitseinheit: Luthers Auslegung von Röm 7,7–25

19.30 Uhr   Öffentlicher Abendvortrag:
„Luthers Verständnis von Gesetz und Freiheit in nuce"
Prof. Dr. Oswald Bayer, Tübingen

20.30 Uhr   „Thesen zur Gegenwartsrelevanz
der Rechtfertigungslehre Luthers"
PD Dr. Hans-Christian Kammler, Tübingen

anschl.   Complet im Dom

Mittwoch, den 29. Februar 2012

08.00 Uhr   Exkursion nach Ludwigslust,
zum Stift Bethlehem,
zum Kirchlichen Bildungshaus, und in die Stadtkirche,
weiter zum Landgestüt Redefin,
und in die Kirchgemeinde Körchow, Informationen
durch Propst Tim Anders

20.00 Uhr   Amicables Beisammensein

Donnerstag, den 1. März 2012

08.30 Uhr   Gottesdienst mit Heiligem
                 Abendmahl im Dom
                 Liturg: Pastor Alfred Bruhn
                 Predigt: Prof. Dr. Johannes von Lüpke

10.00 Uhr   9. Arbeitseinheit: Fazit: Röm 3,28 und Luthers
                 Auslegung von Röm 3,28

13.00 Uhr   Reisesegen

Dokumentationen der
Luther-Akademie
Sondershausen-Ratzeburg e. V.

Tagungsband 9

Welche
Freiheit?

Reformation und Neuzeit
im Gespräch

Herausgegeben von
Hans Christian Knuth & Rainer Rausch

LVH

Welche Freiheit? – Reformation und Neuzeit im Gespräch
Die evangelische Kirche wird als „Kirche der Freiheit"
bezeichnet. Doch von welcher Freiheit spricht Luther,
sprechen wir heute? Der Bogen der hier veröffentlichten
Beiträge spannt sich von der biblischen Exegese über die
Kirchengeschichte bis zur Religionsphilosophie, Dogmatik
und Ethik einschließlich der Verhältnisbestimmung zwischen
christlicher Freiheit und politischer Freiheit.
Ein Band, der Grundlagen ebenso vermittelt wie aktuelle
Diskussionsansätze.

www.lvh.de